我们从哪里来？我们走向何方？中国到了今天，我无时无刻不提醒自己，要有这样一种历史感。

——习近平

摘自习近平总书记在北京会见第二届“读懂中国”国际会议外方代表时的谈话（《人民日报》2016 年 1 月 5 日）

读懂中国

读懂中国丛书

读懂中国丛书

指尖上的中国：

移动互联与发展中大国的社会变迁

马化腾 等 著

China Foreign Languages Publishing Administration
中国外文出版发行事业局
外文出版社
FOREIGN LANGUAGES PRESS

总　序

郑必坚

读者面前的这套丛书，有一个总题目，叫做：读懂中国。

为什么要提出“读懂中国”的问题呢？

你看，当今世界发生的变化，可谓天翻地覆，令人目不暇接。最大的变化，莫过于中国。

从 20 世纪中叶新中国成立以来，特别是最近这 40 年时间，就使一个多达十三亿多人口的贫穷落后的东方大国，实现了跨越式大发展，迅速成为世界第二大经济体。

人们自然会问：在中国，究竟发生了什么事情？中国快速发展的奥秘究竟是什么？

人们自然也会问：一个正在强起来的中国，和世界怎么相处？

于是乎，问题套问题，疑虑叠疑虑，“中国威胁论”、“中国崩溃论”，“修昔底德陷阱”、“中等收入陷阱”，这“论”那“论”，这“陷阱”那“陷阱”，纷纷指向中国。

毫无疑问，中国人应当坚定不移地走自己的路，把自己的事情办好。而这本身就包含着，为了回答人们的关切、问题和疑虑，必须做好一件事：“读懂中国”。

为此，由我主持的国家创新和发展战略研究会发起，联合中国人民外交学会，和国际知名智库“21世纪理事会”合作，在2013年11月和2015年11月先后举办了两届“读懂中国”国际会议。

这两次重要的国际会议，得到了中共中央总书记、国家主席习近平的重视和支持，亲自到会同与会外国嘉宾座谈。国务院总理李克强和副总理张高丽分别出席了第一届和第二届会议，并在会上作了开幕演讲。中共中央和国务院许多部门的领导同志，也到会同来自世界各国的政要和专家学者进行面对面的交流，回答大家提出的问题。

会议取得的成功，给我们的最大启示是：只要直面问题，只要心诚意真，只要实事求是且生动具体地讲好中国故事，讲好中国共产党的故事，讲好中国和世界相处的故事，将大有利于关心中国的人获得新知，怀疑中国的人逐步释惑。

为此，我们设想，把“读懂中国”的国际会议搬到书本上，搬到视频上，搬到网络上，在更大的场合，用更加生动的形式，回答人们的关切、问题和疑虑。

这一设想，不仅得到了有关部门的大力支持，不仅得到了中国外文局和外文出版社的大力支持，而且得到了一批对这些问题有亲身实践经验和较深研究的专家学者和领导同志的大力支持，为丛书撰稿。

这就是读者面前这套丛书的由来。现在编辑出版的还只是这套丛书的第一辑，以后还会有第二辑、第三辑以至更多的好书问世；现在这一辑主要是中国作者的作品，以后还会有其他国家作者的作品。

不仅是丛书，以后还会有配套的电视专题片和网络视频，陆陆续续奉献给大家。

在我们看来，“读懂中国”，包括“读懂中国共产党”、“读懂中国和世界的关系”，是一个宏大的事业。

让我们共同以极大的热情，来关注这一事业、参与这一事业！

2018年3月

目 录

第三篇 产业升级

第四篇 社会普惠

序：与世界共创未来

30 年前，一封 email 从北京经意大利到达德国卡尔斯鲁厄大学，只有短短的一句话“越过长城，走向世界”，成为中国通过 TCP/IP 协议向世界传达的第一条信息。

到今天，基于互联网发展起来的数字经济，已经被写入《政府工作报告》，被视为撬动中国经济增长的新动力。据腾讯研究院估算，中国数字经济总量已经超过 22.77 万亿元，占到中国 GDP30.6%，带来 280 万新增就业。

统计数字的背后，是互联网已经渗透入中国社会生活的方方面面。

最先触网的是传媒。移动互联网随时随地联网的特性顺应信息碎片化、阅读快餐化的潮流。文章和音视频等内容由报纸电视向音视频网站、App、社交平台转移。2016 年网络新闻、音乐、视频用户总数分别达到 6.14 亿、5.03 亿、5.45 亿。互联网公司开始涉足上游的内容制作，推动确立用户付费模式，打击盗版，促使中国内容产业正版化。正版视频行业规模从 2010 年的 31.4 亿元增加到 2015 年的 401 亿元。一条纵向统合文学、音视频、游戏制作分发变现，横向贯通中国城乡和不同地理区域的泛娱乐产业已然成型。

互联网改变了中国消费者使用金融服务的方式。从在线支付开始，2013 年推出的“余额宝”以小额理财、零手续费、随时取用的方式赢得市场。2014年春节，微信推出基于小额电子支付的“红包”，迅速成为新年俗。同年底，中国首家没有实体营业厅的互联网银行，微众银行开业。2015年，在李克强总理的见证下，微众银行发出第一笔小额贷款。微众银行的拳头产品“微粒贷”，专注小额超短期快速的融资需求。截至2016年11月累计发放贷款超2000万笔，总额超1600亿元；最高单日贷款笔数超10万笔，金额超10亿元。释放过去被认为是不经济的融资需求，推动中国普惠金融事业发展。

互联网也改变了中国人的出行方式。滴滴出行实现了高效的信息匹配，将闲置的车辆资源与消费者被限制的出行需求连接起来，极大地提高了共享出行的效率。2015年滴滴接单量达到14.3亿，超过Uber成为全球最大的移动出行平台。2016年，又涌现出摩拜单车、ofo这样的中国原创的共享单车出行模式，倡导低碳环保的短距离交通方式，方便快捷地解决了城市交通的最后一公里问题，迅速赢得市场。

互联网成为亿万中国人获得公共服务的便捷渠道。从中央部委到地方政府，中国各类公共服务机构过去两年通过微信累计服务了4.17亿中国人。项目包括社保查询、缴交交通罚单、医院挂号等9000余种。西安交警通过微信平台提供36项服务，积累了140万粉丝，每日处理业务量超过2万单。“长沙12333”通过微信卡包发放虚拟社保卡，激活后可通过微信查询余额、缴费、申请就业补贴、医院就诊结算等，累计完成网上服务1621万人次，市民满意度提升超过10个百分点。全国大部分城市的市民可以在台风、暴雨等极端天气下，通过手机参与险情上报与预警。数字信息取之于民而用之于民，形成了良性循环。

通过社交网络，中国人内心的善良和美好也自然流露。2007年腾讯公益成立，让需要帮助的人和愿意提供帮助的人通过在线平台对接，更透明便捷的实现匹配和对接。2014年平台全面转向移动端，当年实现捐款额1亿元。2015年99公益日活动，3天捐款达到1.28亿元；

2016 年的 99 公益日，收到 677 万次捐赠，总额超过 3 亿元。移动互联时代，公益事业由过去依赖机构大额捐赠转向个人海量小额捐赠。

源于互联网的云计算、大数据、人工智能等技术，正在形成新的生产力。腾讯三一重工合作的“根云”项目，把分布在全球各地的 30 万台设备接入云平台，实时采集近 1 万个运行参数，远程监控和管理设备群的运行。实现故障维修 2 小时内到现场、24 小时内完成，同时零组件库存压力大大减轻。过程当中，制造企业价值链延伸，成为企业级服务的提供商。现在看，用电量是重要的经济指标，表明经济活动是否活跃。未来，用云量也很可能成为类似的衡量数字经济发展的重要指标。

互联网是读懂中国的一个入口、一把钥匙。理解数字经济，看到中国的企业家、创业者、科研人员正在努力创新，微信红包、小程序、共享单车，这些原创的技术和商业模式引领“中国制造”向“中国创造”改变。理解数字文化，看到中国的传统艺术与科技结合，让古老文明焕发新活力。千禧一代，是互联网原住民，理解他们，理解中国的未来，也应该从互联网开始。

希望我们可以从互相理解开始，与世界共创未来。

第一篇

时代畅想

- 时代力量，移动互联催生中国范式

第一章

时代力量，
移动互联催生中国范式

凡是过往，皆为序章。移动互联与中国经济融合发展的过程才刚刚开始。在这里，请与未来中国互联网的第四个十年好好握一握手，与我们一起共同期待更美好的未来。

“凡是过往，皆为序章”

——莎士比亚

一、三十而立

2017年9月20日，中国版的twitter——新浪微博上，多家媒体公号转发了同样内容的消息，纪念以拨号上网方式从中国发出第一封email三十周年。这封email是从北京经意大利到达德国卡尔斯鲁厄大学，只有短短的一句话“Across the Great Wall we can reach every corner in the world”，中文译文更为简洁有力“越过长城，走向世界”。

在第一封email发出两年后，中国科学院承担了设计建造中国第一个示范网络的任务。再五年后的1994年，中国自主设计建造的第一个运行TCP/IP的主干网络NCPC（CERNET前身）与全球互联网联通。中国互联网基础网络建设进入快车道，包括中国科技网（CSTNET）、中国公用计算机互联网（CHINANET）、中国教育和科研计算机网（CERNET）、中国金桥信息网（CHINAGBN）在两年的时间内相继建成，一张覆盖全中国主要城市的骨干网成型并接入全球网络。而此时，距离第一封email发出已经过去差不多十年时间。中国互联网的整个启动过程无疑是漫长而艰难的，但开放前进的方向始终未变。第一个十年，超前规划的中国互联网主干网络基础设施建成并与世界联通，完成了从“0”到“1”进化，为接下来整个互联网产业爆发打下坚实基础。

1997年，以网易公司的成立为标志，中国互联网产业进入第一个创业黄金时期，开始从“1”到“N”的征程。搜狐、新浪、腾讯、阿里、京东、携程、百度等一批中国互联网领军企业在之后三年内相继成立，门户网站、即时通讯、电商、搜索引擎等互联网经典商业模式连同风险投资的概念被引入中国。进入新千年，新浪、网易、搜狐，当时中国市场的三大门户网站先后在纳斯达克上市，引发第一波中国互联网企业海外上市潮。之后的十年，中国的互联网网民总数增长了100倍，由1998年底的210万人增加到2007年底的2.1亿人。时至今日，这些在第一波创业黄金期成立的企业仍然广泛地活跃在中国互联网市场上。

时间来到十年前的2007年9月。大洋彼岸的美国加州旧金山市，苹果发布了第一款iPhone。2009年，中国移动拿到第一张3G牌照。随着2010年iPhone 4在中国热销，中国互联网快速进入移动时代。十年前的创业浪潮重演。滴滴、爱奇艺、饿了么、今日头条等基于云计算、LBS等移动科技的创业公司迅速崛起，成为估值超过10亿美元的所谓“独角兽”企业。腾讯、阿里巴巴、新浪等也相继推出微信、支付宝、微博等适合手机使用的超级App，以迎合中国网民的新习惯。手机网民占中国网民总数的比重从2006年底的12%迅速升至2016年底的95%。这是中国速度，也是世界纪录。

匆匆三十年。这三十年中，中国社会发生了翻天覆地的变化，国内生产总值增长61.1倍，由1987年的1.2万亿元增长到2016年的74.4万亿元。三十年中GDP的年复合增长率高达14.7%，创造迄今为止全球主要经济体的经济增长记录。

匆匆三十年。这三十年中，中国互联网以十年为一个周期，向前纵跳狂奔，不曾稍有犹豫和停顿。目前，中国的互联网行业已经拥有多个全球第一的头衔。2016年，阿里巴巴全平台商品交易总额也即GMV超过3万亿元人民币，超越沃尔玛成为全球最大的零售企业；成立于2011年的陆金所，目前注册人数已经超过3000万人，是全球最大的 P2P 平台，2016 零售端交易量 1.54 万亿元；腾讯收购了美国的 Riot Games 和芬兰的 Supercell，而在这之前，它已经是全球营收最高的在线游戏公司；截至 2017 年 9 月底，腾讯公益平台累计为各类公益项目筹得善款超过 30 亿元，参与捐赠的网友超过 1.4 亿人次。

三十而立，进入而立之年的中国互联网和步入成年的中国互联网企业构成了中国经济中最为活跃、开放包容和富有生命力的部分。更为重要的是，对于中国互联网和中国互联网企业来说，一切才刚刚开始。

二、西风东渐

互联网帮助中国走向世界，也帮助世界走进中国。

中国互联网高速发展的三十年，也是中国互联网企业不断向西方发达国家的优秀互联网企业、特别是美国企业的学习过程。在世纪之交的第一波互联网创业浪潮中走出来的中国互联网创业企业身上，或多或少都可以找到全球互联网先驱企业、特别是美国企业的影子。早期的搜狐几乎照搬雅虎的商业模式；腾讯的第一款即时通讯产品 QQ 功能设计的灵感来源于 ICQ；百度曾经在很长一段时间内被称为中文世界的谷歌；第一版的淘宝可以看成是没有 Paypal 的 eBay；美团在草创阶段也曾毫不掩饰地自称为中国的 Groupon。

在硬币的背面，中国互联网企业在复制美国同行成功模式的同时，也从未停止过本土化创新。腾讯的创始团队敏锐观察到中国用户是在网吧使用公共电脑上网聊天，而不是像发达国家的网民是坐在家中用自己的电脑上网聊天。因此，将聊天记录保存在服务器而不是本地是一个强需求。腾讯据此设计出可以离线聊天的 QQ。无独有偶，早期的淘宝在中国市场面对的是市场占有率接近八成的 eBay.cn，在极端弱势的情况下咬牙打出对中小商家极具吸引力的免交易费模式，并推出方便买卖双方及时沟通的页面聊天工具阿里旺旺，并在支付宝这一在线支付工具上设置担保功能，最终在家门口打败竞争对手。

进入移动互联时代，中国互联网企业不再是简单的追随者。在足够大的中国市场，生长出原创性的应用创新。如果说基础版的微信当中仍然可以看到与Line、WhatsApp等国外先行者类似的影子，在推出朋友圈、公众号、小程序之后的微信已经找不到可以类比的产品了。纽约时报（NYT）在其获得87万次点阅的Youtube视频《How China is Changing Your Internet》中总结说，你大致可以把微信理解为将WhatsApp、Facebook、Paypal、Skype、Uber、Amazon、Instagram、Venmo、Tinder以及一些国外未曾见过的功能如挂号、投资顾问、城市热力图等统统整合进一个超级App。惊诧于中国的应用型创新，纽约时报（NYT）的记者在视频的开头部分感慨地说“如果你现在身处美国或者欧洲，那么你很可能从未使用过中国的App。但实际上如果你想知道互联网会如何发展，那么曾经以生产廉价商品闻名的中国，可能为你提供未来的指南。”

三、交融创新

站在三十年的当口回头看，中国互联网行业的发展过程显得颇为另类。

首先，这一新兴行业的领军企业几乎都是本土民营、草根出身，在技术革命带来的滚滚浪潮中摸爬滚打，逐渐走进中国经济的舞台中央。在互联网产业萌芽期和高速增长的发展早期，很少受到政府的特别关注和特殊关照。这与中国传统产业和其他资本密集型新兴行业不同。中国互联网行业在相对宽松的环境中，逐渐成长为中国经济中创业非常活跃、具有竞争力的领域。

其次，中国互联网曾经是对外资企业开放得最为彻底的行业市场。或者，至少在行业处于爆发性增长期的第二个十年内，是中国对外资开放得最为彻底的行业市场。世纪之交，在整个中国互联网产业处于类似“寒武纪”物种爆炸的发展初期，当时国际知名的互联网企业如谷歌、微软、eBay、雅虎等，都曾大举进入过中国市场，并一度对本土互联网企业形成压倒性优势。例如 2002 年 eBay 与易趣网达成战略合作进入中国市场，隔年追加投资，合并易趣成立 eBay.cn。eBay.cn 一度占据中国电子商务市场份额第一的位置，但在随后的竞争中因为固守收费政策、决策过程缓慢等原因，被淘宝逆转胜出。

最后，中国的互联网企业虽然在很长一段时间内扮演着忠实的追随者角色，但在这一漫长的追赶过程当中，一直能够很好地平衡学习和创新：一方面，紧盯硅谷的最新技术趋势和商业模式，对互联网行业的前沿趋势变化迅速做出判断。另一方面，大部分的中国互联网行业领先企业都保持了一定的草根性，从不曾忘记自己深深扎根的中国本土市场和照顾国内用户的使用偏好，不断推出适合中国市场和用户的应用型创新产品。这听上去似乎不难，但确实是中国企业避免掉入“非我原创综合症”陷阱，实现自立自主并不断发展壮大的重要原因。反观欧洲和日本互联网企业，或与本土市场脱节或在跟随全球技术趋势的时候掉队，大都把本土市场拱手让与美国互联网企业。

四、中国互联网的一天

根据中国互联网络信息中心（CNNIC）的估计，截至 2017 年 6 月

30 日，中国互联网用户总数达到 7.51 亿人，比“世界实时统计数据”网站（Worldometers.com）估算的同期欧洲总人口多出 900 万人，是美国统计局估算的 2016 年末美国总人口数 3.23 亿人的 2.3 倍。这 7.51 亿人，构成全球最大的互联网单一市场。每天，他们中几乎所有人都会点开微信发消息，刷朋友圈。每天，他们中的相当大一部分会使用微信支付或者支付宝在商场超市餐馆酒店等付账买单。每天，他们中的大部分会在各类电商平台下单购物，然后是等待快递小哥上门送货。每天，他们中的一部分人会在各种生活服务平台上叫外卖、预约家政服务、美甲。每天，他们中的一小部分会用网约车平台叫车出行，或者扫码骑上共享单车穿梭在城市的角落。

在特殊的节日，中国网民还会以自己的方式刷新独一无二的“世界纪录”。例如，在 2017 年中国农历鸡年除夕夜，他们把发红包这一喜庆的年俗从实体红包转移到微信聊天中虚拟的红包上。当天，他们用这一移动互联时代新的年俗工具，发送了 142 亿个红包。在 2017 年 11 月 11 日，在这个中国创造的互联网“光棍”购物节，他们在中国最大的电商平台订下总值超过 1682 亿元的商品。

截至 2017 年 9 月底，微信和 WeChat 的合并月活跃账户数达到 9.8 亿，是中国用户数最多、最活跃的 App。2015 年腾讯的全球合作伙伴大会上发布的《微信生活白皮书》这样描绘一个中国互联网典型用户的一天：早上 7：00，一天的活动从刷朋友圈开始；8：30 微信支付买早餐；9：00 处理群消息，开始工作；12：00，拆红包付饭钱、吃午饭；12：45 午休，逛京东、群里聊天；18：00 下班滴滴打车回家，微信支付车费；22：00 准备睡觉，和朋友聊天、再抢个红包。2016 年，这个经典用户每天通过微信发送 74 条消息——扣除 7 小时的睡眠时间，平均每 15 分钟发送一条消息。他们大概每天走 5900 步，每个月会拿出 580 块钱，包在 28 个红包里，向各地的微信好友发送。

我们可以通过2016年中国的各类新闻稿中披露的公开数据，管窥中国互联网的普通每一天：每一天，腾讯新闻的撰稿机器人Dreamwriter完成并发出2000个财经或者体育相关新闻稿；每一天，消费者通过阿里巴巴和京东这两家中国最大的电商平台订购价值129亿元商品；每一天，腾讯地图被各种App调用超过500亿次；每一天，滴滴出行处理超过2000万份打车的请求，做出90亿份路径规划；每一天，中国有8575万个快递包裹被放在收件人的门口；每一天，超过2000万份热乎乎的外卖被骑着电动车的外卖小哥送到点餐人的桌上；每一天，2.66亿笔小额交易通过微信支付、支付宝等第三方支付App扫码完成。

这是移动互联时代的“海量”，这更是中国数以亿计的普通网民的“日常”。

五、重心东移

2008年金融危机之后，主导过去半个世纪世界经济贸易发展主题的全球化浪潮似乎开始倒退。根据麦肯锡全球研究院（MGI）的统计，全球货物贸易、服务贸易和金融贸易总额在2014年刚刚回到2007年金融危机爆发前的水平，而三项总和占全球GDP的比重则比2007年下降了超过14个百分点。现实世界中的全球化进程未来扑朔迷离。

相比之下，全球网络的一体化进程正在以前所未有的速度向前推进。根据思科（CISCO）的统计，全球所有互联网协议传输量（IP Traffic）在2005年为每月2426拍字节。之后的十年间，这一数字增长了29.9倍，到2015年达到每月72521拍字节。根据麦肯锡的估算，同期，全球洲际数据传输骨干网的传送容量增长了45倍。

在地球的另一边，随着中国和东南亚人口密集地区经济持续增长，基础设施建设铺开，互联网产业崛起，全球互联网产业格局也在发生着微妙的变化。根据国际电信联盟的统计，2006 年亚太地区网民总数为 3.94 亿，占全球网民总数的 34.3%。十年之后的 2016 年，亚太地区的网民总数翻了两番多，达到 17.24 亿，占全球网民总数比例也升高到 49.4%，接近一半。对照中国互联网络信息中心同一时期的统计数字，中国网民从 1.37 亿增长到 7.31 亿，贡献了亚太地区同期网民增长总量的一半。中国互联网网民占全球网民总数的比重也由 11.9% 增长到 21%。单纯从人数来看，毫无疑问，全球互联网的重心在东移。

基本市场格局的变化，当然影响到互联网行业的发展。2016 年底，全球市值排名前十位的互联网企业当中，美国占据 6 席，剩下的 4 席则被中国企业占据。中国互联网企业，依靠着本土广阔市场和本土化的创新，走到了全球互联网舞台的中央。Facebook 等美国企业，开始借鉴中国企业的做法，效法微信开出公众号平台。中国互联网企业也意识到自己已经站到科技发展的前沿，必须加大对新一代通信技术、人工智能等方面的投入，与世界先进水平看齐。这是互联网发展带给中国“弯道超车”或者“变道超车”的机会，不可错过。

六、凡是过往，皆为序章

在 21 世纪最初的十年，中国的互联网产业与医疗、教育、交通、金融、制造等其他传统行业并没有多少交集。受到互联网影响的行业基本上都是以信息增值服务为主，例如媒体、出版、中介、零售等。我将这段时间称之为“前互联网时代”，互联网与传统社会似乎成了并行的“两张皮”，或者说是“并不相交的两条平行线”，大部分传统企业对互联网的运用至多是信息的获取、传递、发布，再深入一点就是电商。互联网对传统产业的影响很小。

这一现象在中国互联网进入第三个十年之后开始悄然发生变化。在短短两年内，先是58、美团等O2O服务业务爆发，将线下的餐饮美甲等生活服务整合进入线上平台；几乎同时，小米从做交互系统入手切入中国平价智能手机市场，火爆场面不输苹果；接着是余额宝悄悄成立，在极短时间内成为中国规模最大的货币市场基金；滴滴和快的迅速崛起，快速占领传统的打车出行市场；到2014年，微信城市服务平台灰度测试，迅速成为各地政府提供移动公共服务的第一窗口。

2015年，在微信城市服务平台正式上线大约三个月后，全国人民代表大会在北京召开，李克强总理在政府工作报告中正式提出推动“互联网+”行动计划。这一行动计划的本意就是推动移动互联网与中国传统行业深度结合，融合创新，包容发展。接下来的一年，如何看待以滴滴出行为代表的分享经济发展模式成为中国公共政策领域里的大事。2016年，李克强总理在政府工作报告中明确提到支持“分享经济”发展，为这一影响深远的讨论定下基调。2017年，同样在两会上，李克强总理的政府工作报告又提出发展“数字经济”。很显然，这三个概念是一脉相承的，“互联网+”是手段，分享经济是过程，数字经济是结果。

当然，“互联网+”还是现在进行时，而数字经济这一结果，也是仍在快速发展中的结果，而不是最终成熟的结果。从政策制定者和互联网从业者的视角看，数字经济是撬动中国经济未来发展的一个重要杠杆。打车、外卖、快递等等，每一个这样的“场景”单独看起来都很小。但是这些小小的“场景”很可能演化出未来数字经济发展的重要发力点。有了应用场景，有了市场，数据自然会产生，也会驱动技术发展，人才也会随之而来。制造业中有非常多这样的应用场景，孕育着非常大的市场机会。一切有云、有人工智能的地方都必须涉及大数据，三者的有机共生毫无疑问是未来科技发展的方向。未来，所有的企业都会在云端用人工智能处理大数据。移动互联与传统产业融合结果，就是所有企业未来都是大数据企业、云计算企业、人工智能企业。

从这个角度看，我们对移动互联网的紧张和期待，并不仅仅是因为云计算、移动支付、LBS 等通用技术随着移动互联网已经渗透入中国人日常生活的方方面面，而且是因为在这些技术带动下，大数据和人工智能的发展正在创造更多的可能性，让协同设计、柔性制造等成为触手可及的现实。这些会构成不远的将来中国社会的基础设施。或者这样说，“互联网 +”正在悄悄为下一波工业革命打下基础。

回顾工业革命的历史进程，第一次工业革命发明了蒸汽机的技术，第二次工业革命带来了电力的革新，而互联网、移动互联网等新技术的出现，就像蒸汽机和电的发明一样，将推动当前中国从本质上蜕变催生出一个新的世界。

正如我曾在 2015 年的两会提案《关于以“互联网 +”为驱动 推进我国经济社会创新发展的建议》中提出，“互联网 +”是以互联网平台为基础，利用信息通信技术与各行业的跨界融合，推动产业转型升级，并不断创造出新产品、新业务与新模式，构建连接一切的新生态。

移动互联时代真正激活了“互联网 +”，在 PC 时代各个行业基本都完成了一定程度的信息化，移动互联网的到来，新的商业模式创新速度远远超过 PC 时代，移动互联网已经开启了全面渗透到各个产业的进程，或者如春雨润物般温和融入，或者是有破有立改造升级，或者从根本上重塑原有经济模式。

从广度上，“互联网 +”可以 + 农业，可以 + 工业，也可以 + 第三产业，从促进传统产业转型升级的过程来看，呈现“逆向”互联网化的特点。

当前，移动互联时代的“互联网 +”，已经全面应用到了第三产业，形成了诸多新业态，开启大众智慧生活的新起点。其中，凭借庞大的人口基数和互联网平台的连接和赋能等因素驱动，已经催生出多个中国特色的创新业态、企业和产品。

令人印象深刻的，当前国人消费新逻辑已经养成，中国已成为世界第一大网购市场，分享经济下的共享单车已作为中国式创新走向世界。物质和精神交融共生，移动互联也成为激活文化活力的新引擎，每个人都可以成为内容的生产者，创意者经济崛起，网络文学已经被誉为比肩美国好莱坞大片、日本动漫等世界文化现象之一。而凭借技术与诸多应用场景的融合爆发，例如智慧停车无感支付、公交地铁乘车码等，移动支付正在缔造中国特有的创新性、普及型的生活方式。

当然，这绝不是移动互联对于大众智慧生活重构的全部，诸如互联网 + 教育、互联网 + 医疗、互联网 + 旅游等诸多与日常生活息息相关的行业，均已卷入移动互联的巨轮，实现跨界融合和迅猛发展。

同时，从 C 端到 B 端，移动互联也已成为产业转型升级和融合创新的重要平台，正在从服务业向第一和第二产业渗透。如工业互联网正在推动传统工业生产方式的转变，中国正在全力从制造大国向制造强国迈进，制造业已经成为当前“互联网 +”进程的主攻方向。中国作为农业大国，也正在借助数字红利，实现赋能于农，推进农业领域的创新转型。例如已经开始从生产、流通和服务三个领域，优化传统农业发展方式，让农业获得了新的发展机会。

尤其值得称赞的是，移动互联网时代的“互联网 +”，不仅能够从商业层面为个体、企业赋能，同时也能够为政府等公共服务单位和非商业机构、团体赋能，从社会治理层面促进普惠创新，惠及民生。

独具中国特色的智慧民生爆发，各级政府借助第三方平台红利，将公共服务辐射到更多有需求的群体中，整合并优化公共资源配置，提高服务效率和体验，提升政府服务能力。而作为人类最古老的事业，互联网公益从萌芽到爆发，催生人人可公益的新生态，其迸发出巨大的中国特色创造力，已经在世界舞台上崭露头角。

从个人的生活方式、企业的生产方式，到社会的治理模式，无不在移动互联的浪潮裹挟下，逐步连接、赋能于中国社会的方方面面，实现更加创新和值得期待的未来，无疑也揭示了中国社会变迁的历史进程。

凡是过往，皆为序章。移动互联与中国经济融合发展的过程才刚刚开始。在这里，请与未来中国互联网的第四个十年好好握一握手，与我们一起共同期待更美好的未来。

第二篇

智慧生活

- 大众消费新逻辑，一种更智慧的生活方式
- 创意者崛起，共享科技和人文的连接
- 场景创新与迭代，构筑中国数字普惠金融新路径

第二章

大众消费新逻辑，
一种更智慧的生活方式

从 2015 年开始，中国经济社会就已实现了历史性的“双过半”：服务业在 GDP（国内生产总值）中占比首次超过一半，达到 50.5%；中国社会互联网渗透率首次超过一半，达到 50.3%。

这些新跃出的鲜活数字，意味着中国经济社会进入新常态下，消费取代投资已成为中国经济增长的主引擎。基于互联网发展的新经济，逐渐占据主流消费市场，有望成为整个“十三五”时期，甚至未来中国经济增长的持续动力。

在这个新经济的时代进程中，互联网，尤其是移动互联网，已经成为普惠化信息基础设施，像水电一样，战略性、基础性和先导性作用凸显。

而通过互联网的连接，涌现出众多构建于互联网之上的新业态和新商业模式创新，为国民消费领域带来深刻变革。实现远超于信息层面的互联互通，而是推动大众在衣食住行等生活各个方面向智慧互联演变。

其中，又以“网络购物、O2O 和分享经济”为代表的三个新兴业态发展为例，影响深远。

在互联网 + 消费的创新浪潮中，人们的生活如何智慧互联？

可以举例而言，如果用户想要穿衣购物，只需轻点鼠标，完成支付，快递小哥就可以送货到家，甚至实现了即日达。赶一趟航班，或者去景区旅游，不用担心时间，用在线旅行服务平台订票，用滴滴出行等分享经济平台约车，迅速、安全又放心。用户的衣食住行，似乎都能够通过互联网连接实现。

无论是电子商务的轻触手指，送货到家，还是O2O的线上预订，线下服务浪潮，抑或是分享经济类似共享出行的业态打造，都已经深刻改变了中国大众的日常生活方式。不仅使大众消费需求得到极大释放，同时也打造出无论是理念、模式或是技术创新的互联网+消费生态圈。

在互联网+消费的智慧互联进程中，人们可以在网络空间里实现交流、购物及各类本地生活的线上线下一体化服务，这些从消费领域涌现出来的网络购物、O2O和分享经济等新兴业态所焕发的绚丽光彩，正在成为激活国民经济、点亮智慧生活的新源泉。

不仅已经塑造了全新的互联网+消费生态环境，并且生长出全新的互联网+消费文化形态。这种全新的环境与文化，改变着数亿互联网用户的生活方式，甚至价值观念，正在塑造全新的消费中国。

一、移动互联上的智慧生活

我曾在“2016年中国互联网+峰会上”提到“如果把互联网当作一个各行各业都可以积极拥抱的能源的形式来理解的话，我想我们所有的行业都应该更加清楚地看到互联网不是一个和它无关的新经济、新领域，而是一个息息相关的你必须拥抱，否则你就会落伍的这样一个新的领域。”

随着移动互联网成为服务业的基础设施，在实体经济增速放缓的背景下，其作为经济发展助推器的作用格外突显。习近平总书记在2017年10月中国共产党第十九次全国代表大会上向大会作的报告中指出，要推动互联网和实体经济深度融合，在中高端消费、共享经济等领域培育新增长点、形成新动能。这意味着，互联网，尤其是移动互联网，将在推进社会经济发展的进程中起到愈发关键的作用。

移动互联进程加速，向连接一切迈进

近年来，国家大力推广宽带普及和宽带提速，手机上网的覆盖和速度也得到显著提升，大众互联网接入条件发生巨大变化。随着公共场所Wifi热点和4G网络覆盖的普及，大众便捷地利用智能手机上网，俨然已成为当前中国移动互联网发展的真实写照。

这个网络化进程的红利凸显，我们可以用一组数据来直观展现。

据中国互联网络信息中心（CNNIC）数据显示，2003年，中国网民数0.79亿，互联网普及率4.6%。2016年，中国网民规模已达7.31亿，普及率达53.2%，超过全球平均水平3.1个百分点，超过亚洲平均水平7.6个百分点。13年间，中国网民数增长近10倍。当前，中国网民拥有量已经居全球第一，网民规模已经相当于欧洲人口总量。

移动互联网的发展更是突飞猛进，2016年中国手机网民规模达6.95亿，增长率连续三年超过10%，渗透率已高达95.1%。

这组数据意味着，对于超过一半的中国人而言，一部手机即连接着整个网络世界。网络世界打破现实世界的国别和地域覆盖范围，贯穿不同层次的受众群体，各类智能终端成为通向网络世界的窗口，人们可以随时随地的发生互动、交流和分享，成为信息的共同体。

从早期的BBS、门户网站等形态，到当前流行的微信社交、网络购物、网络外卖、共享单车等领域，移动互联网以勃勃发展之势，渗透到这半数民众的日常生活和工作各个领域中，正在从最开始的连接人与人，向连接人与物、连接物与物等连接一切的方向发展。

赋能产业，营造智慧生活场景

移动互联网作为普惠化的信息基础设施，以其为载体的新型产业形态不一而足，类似于毛细血管，已经渗透到国民经济多个领域。不仅可以实现公共服务领域的资源整合和优化配置，而且在消费端，通过众多新的消费业态，又会催生国民生活各领域的化学裂变。

例如互联网+零售，带动线上线下一体化购物的商业变革；互联网+交通，催生使用而不占有的共享出行模式；更多围绕O2O，LBS[①]等模式和技术创新，形成了旅游、教育、医疗等细分领域消费场景的革新。

对于超过半数的中国人而言，这些产业场景的互相渗透、融合和壮大，犹如涓涓细流汇成澎湃江河，最终形成一种更加智慧的国民生活崛起，在各自领域掀起发展高潮。我们同样用一组数据来直观展现。

① LBS，Location Based Services 基于位置的服务。

网购领域，据 CNNIC 数据显示，2016 年，中国网购人群达到 4.67 亿，早已超过英法德意四国人口总和。

在 O2O 领域，据 CNNIC 数据显示，2016 年，中国网上外卖用户规模已经达到 2.09 亿，占网民比例达到 28.5%。网上预订机票、酒店、火车票或旅游度假产品的网民规模已达到 2.99 亿，比例分别为 34%、15.9%、17.2% 和 7.4%。[①]

分享经济领域，规模更是庞大。据腾讯研究院分析，2016 年国内分享经济累计注册用户超过 31 亿人次，共超过 5 亿人已经参与到这股分享经济的发展洪潮之中。

正是由于移动互联网的普惠、便捷、共享等特性，渗透到消费领域，推动人们传统的日常生活场景实现数字化覆盖，同时也催生了一些超级 App 的应用出现。

据国内大数据服务提供商 Quest mobile 数据显示，截至 2016 年年底，中国有超过 4 亿的月活跃手机淘宝用户，超过 1.6 亿的月活跃美团用户，超过 5000 万的月活跃滴滴出行用户等。而且这些爆发式增长的超级 App，开始走向平台化发展，提供的一站式服务功能越发全面，也更加便捷地提升了消费体验。

当然，当前移动互联营造的智慧生活场景才刚刚起步，未来随着这股风潮渗透深化，会涌现出更多拳头级应用，值得期待一个更加互联互通时代到来，迎来更加美好的智慧生活。

数字化时代消费者的新场景

当下，无论是数字时代的原住民——新世代 90 后消费者，还是 70 后甚至 60 后这样的数字移民，都已被卷入移动互联连接的数字化和智能化浪潮之中。智能手机、台式机 / 笔记本的“新大件”，已经成为人

---

① 引自 CNNIC 第 39 次《中国互联网络发展状况统计报告》。

们数字化时代的标配。

普华永道咨询公司（PWC）分析，如今的中国消费者在数码设备上花费时间位于全球前列，对设备便利性要求极高。中国消费者日平均花费在智能手机、笔记本电脑和平板电脑上的时间长达 170、161 和 59 分钟，远超过全球平均值 147、108 和 50 分钟。

网络世界和现实场景的高度交融，催生移动互联时代的场景革命和体验革命，也促使消费者呈现出与以往截然不同的行为特征。

举例而言，以前观看世界杯的球迷们，必须要到酒吧餐厅等消费场景中，点上一打啤酒和三五朋友高谈阔论，才算过瘾。但在热衷虚拟社交的客群中，很多消费者将“啤酒社交”这一场景搬回家里，用手机应用在网上订购烧烤啤酒，在网络上边观看现场直播，边用弹幕[①]或者手机，与天南海北的球友互动，带来了新的消费模式和需求。[②]

尤其对于新世代消费者，独特的成长环境造成了与其他世代相迥异的代际特征，如何把握其个性化需求成为未来商业制胜的核心。在消费方面，网络消费已经成为新世代的重要支出，娱乐、购物、社交等多领域的消费潜力巨大，并且他们具有独特的消费观念，互联网付费习惯已初步养成。

这类伴随着移动互联一起成长的年轻人，在其中逐步建立自己的生活方式和特色风格。未来成为社会发展的中坚力量，将更加深刻的从多方面改变社会形态与商业模式。

整体而言，当前中国经济已经进入新常态，而“互联网 +”的新经济业态，已成为中国经济新的增长点。正如“十三五规划”中的“拓展网络经济空间”指出“牢牢把握信息技术变革趋势，实施网络强国战略，加快建设数字中国，推动信息技术与经济社会发展深度融合，

---

① 弹幕：barrage，中文流行词语，意指观影时从屏幕飘过的评论。

② 引自波士顿咨询公司报告《中国消费新趋势 三大动力塑造中国消费新客群》。

加快推动信息经济发展壮大”。

这意味着未来，构建于互联网和移动互联之上的信息技术变革，将更长远的渗透到行业发展中，潜移默化的改变行业规则。同时对于中国人的生活影响还将进一步加剧，科技的发展、观念的变迁、商业模式的创新等因素加持，一个更加互联互通的时代即将到来，互联网，尤其是移动互联带来的红利和福利将更加凸显，过半中国人正在向智慧生活全力迈进。

二、现象级网购大国的养成

1998 年，中国产生第一笔互联网交易。

随后，互联网在中国国内发展的二十年中，已经改变了中国商贸行业的发展方式，电子商务成为互联网经济的核心特色。

不仅涌现出以阿里巴巴、京东等为代表的一批顶级电子商务企业，而且依附于核心业务之上的金融、物流、仓储等服务企业，俨然已经形成了新型的电子商务生态圈。通过搭建互联网消费的大平台和大通道，为广大消费者的网络购物构建了创新型的环境和设施。

据中国电子商务研究中心数据显示，2016 年，中国网上零售额为 53288 亿元，同比增长 39.1%，占到社会消费品零售总额的 14.9%，较 2015 年的 12.7%，增幅提高了 2.2 个百分点。而且以中国为首的新兴市场，正在成为名副其实的全球网络零售市场引擎。

巨额消费数字的背后，充分彰显了电子商务新业态，对于促流通、扩消费和惠民生的积极作用，也涌现出一波又一波的发展高潮，例如生鲜电商、农村电商、跨境电商等多种形式的电子商务蓬勃发展。电商大国养成背后，在悄然改变着人们形成一种新的网络生活和消费方式。

其中，我们又可以观察到两个覆盖范围广，引发广泛热议的风潮现象。一个是折射中国经济转型升级的网购消费升级现象，另一个则是关乎农村市场6亿多人的电商连接鸿沟。

1. 消费升级，经济增长助推器

当前，中国已进入到大众消费的新时代，与过去消费结构相比，中国城乡居民消费结构呈现出由生存型消费向发展型消费升级、由物质型消费向服务型消费升级、由传统消费向新型消费升级的新趋势。并且这一消费升级的趋势越来越明显，速度越来越快。消费个性化、多样化时代到来。同时，以80、90后为代表的新消费群体持续扩大，追求时尚、品牌与品质，更新换代很快。消费结构的快速升级，蕴含着巨大的消费潜力。①

在中国的经济转型升级期，消费升级的浪潮需要牢牢把握，以网购为代表的互联网+消费新业态，引领创新，有望成为消费升级的助推器。

首先，国内独具特色的“网络购物节”风靡，已经彰显消费实力和潜力释放的信号。

最著名的例子，就是每年11月11日的“双十一购物狂欢节”，已经演变成为中国最大的网络购物节。2017年“双十一”阿里和京东的总销售额达到2953亿元，仅阿里一家的最终交易额就达到1682亿元，而同期美国“黑色星期五”的在线购物交易额为50.3亿美元。仅从当时“双十一”支付宝25.6万笔/秒的支付峰值交易速度，主要电商企

① 引自中国改革发展研究院课题组报告《中国消费结构升级：生存型消费转向服务性消费》。

业单日8.5亿[①]的物流订单量来看，中国网购的基础设施已经达到先进水平。

据中国最大的自营式电商企业京东披露的“京东11·11全球好物节”数据显示，当日下单金额突破1271亿元，同比增长超过50%，累计售出商品7.35亿件，凸显了消费需求在深度挖掘下的爆发[②]。除此之外，京东还设立大促活动“618品质狂欢节”，掀起品质购物热潮，截至2017年6月18日24点，618购物节累积下单金额达到1199亿元。

一年一度的各类网络购物节，不仅成为电商平台及其众多零售商冲击年度业绩高峰不容忽视的销售机会。同时，这些足以颠覆传统零售业商业模式的数据也显示，以网购为代表的互联网+消费，已经推动国民生活方式发生了根本性的变化。

互联网营造的全天候网络购物环境，让随时随地购物成为大众生活的新常态。订购后商品即送货上门，突破传统零售模式中时间与空间的局限，为消费者提供了极大的便利。而且相比传统零售业态，网购商品结构合理、品种齐全、服务也逐步健全，随着网络购物节的折扣促销，价格更是具有优势。无疑吸引了更为广泛的网络购物者，促进消费需求极大的释放。

因此，互联网+消费作为一种时代潮流，推动居民消费，带动经济发展，正在改变中国人的消费习惯和消费理念。

其次，在这个进程中，网购消费升级的趋势也越发凸显。

随着人们可支配收入的增长，购买力大幅提升。加上科技和创新的驱动，过去人们认为昂贵的产品与服务开始变得触手可及。消费不再是对于生存型、物质型、传统型消费追求的结果，而是逐步转向发展型、服务型和新型消费的升级。

---

① 数据来源国家邮政局监测数据。

② http://finance.sina.com.cn/roll/2017-11-12/doc-ifynsait7537722.shtml

以消费级别和质量要求的跃升为例，消费不再是单一追求性价比的结果，而是对于品质化、智能化等生活方式的一种追求。尼尔森调研数据显示，“高端产品（premium products）”越发受到中国消费者青睐。据其定义，产品价格超过该品类商品平均价格 20%，即可视为“高端产品”，这类产品在中国于 2012 与 2014 年间成长了 23%——销量增长幅度已经胜过一般大宗产品。

消费升级的时代趋势，已经引发电商巨头的普遍关注。

阿里研究指出，中国消费正在呈现“降速增质”的“X”现象：一方面，由于总体规模的不断扩大，社会消费品零售总额增速呈现趋缓，5 年间增速下降了 5.3 个百分点，而阿里品质消费指数的增速则从 5 年前的 26.8%，增长到 2016 年的 34.4%，上升了 7.2 个百分点。这说明，“降速增质”有望成为未来中国消费的重要特征。

而京东研究指出，在消费升级浪潮驱动下，网上购物节消费者行为趋于理性，更加关注品牌、品质、服务等多重要求。

“扩大消费要汇小溪成大河，让亿万群众的消费潜力成为拉动经济增长的强劲动力。”李克强总理在 2015 年政府工作报告中明确提出，要加快培育消费增长点。网络购物及其折射的消费结构升级，蕴含着巨大的消费潜力。

最后，消费升级也终将引领消费供给的升级革新。

更重要的是，在消费升级的新驱动下，需要着力于提升消费品的质量及标准，加大供给端结构性改革，进而满足消费升级的时代需求，避免因有效供给不足制约消费潜力释放，造成消费外流现象，也才能更好地体现以人为中心的发展思想。

对于供给侧而言，互联网能够创新性地实现聚集长尾需求，对于消费者需求实时反馈，柔性化生产，从而创新消费供给方式，提升消费供给效率。

中国政府指出，以先进标准引领消费品质提升，促进制造业升级，是推动“中国制造”迈向中高端发展的关键所在。消费升级背后所促进的消费供给侧改革，对于中国经济的转型升级和资源优化配置无疑更是作用巨大。

2. 连接鸿沟，农村创业新路径

基于互联网连接，能够提高不发达地区的经济产出，更重要的是能为不发达地区的人们带来种种改变的可能。数字连接之下，即便是最偏远地区的人，也能够无差异、无区别地得到和一线城市人们同样的优质内容。不发达地区的人们能以最低的数字成本，获得教育、医疗、交易等最必需的信息，同样能够以更合理的价格卖出他们的农产品。

从这种意义上来说，电子商务，承载的不仅仅是经济发达地区消费升级的增长驱动，对于欠发达地域，也已经成为连接鸿沟、脱贫扶贫的有效抓手。

对电商而言，农村市场是一块亟待开发的消费和创业价值高地，同时也是潜力蓝海市场。

根据中国第六次人口普查数据，有超过6亿人住在农村地区——占全国人口的50.32%。根据中国电子商务研究中心的数据，2016年，中国农村网购市场规模达4823亿元，同比增长36.6%，预计2017年全年将达6000亿元。而自2015年起，较小城市和农村地区的电商零售额首次超过大都市。

这些数字意味着，农村居民将成为电商消费的有力群体，农村市场发展迅速，有望成为电商未来增长的新一级。

而另一方面，电商对于农产品“走出去”也至关重要。

无论是新疆的哈密瓜，烟台的苹果，赣南的脐橙还是福建的荔枝……散落在全国各地的众多村镇依靠电商的力量，让本地的特色产品和资源走向全国市场。

而且，在全国各地的电商扶贫实践中，已经探索出来许多成功的案例，带动了贫困地区经济的发展，切实提高了贫困群众的生活质量，为其他贫困地区脱贫致富提供了宝贵的经验。

例如，2016 年“全国电商扶贫示范市”陇南市实现了新增网店 1715 家，农产品的网络销售额达到 30.35 亿元，对贫困群众的人均收入贡献额达到 620 元。在电商扶贫过程中，陇南市许多经营主体直接为全市贡献就业岗位 5.7 万个，其中吸纳贫困户就业 1.4 万多人，有效缓解了贫困群众就业难的问题。陇南市逐步形成了贫困农户创业型、能人大户引领型、龙头企业带动型、乡村干部服务型等农村电商建设形式，并通过与贫困户建立利益联结机制，形成了“一店带多户”“一店带一村”“一店带多村”的电商扶贫“陇南模式”。①

农业部副部长余欣荣曾充分肯定地指出“农村电商发展迅速，正在成为引领农民，特别是引导农村农副产品走向市场、走向全国，甚至走向世界的一个新的增长点。这些农村活力的增强、产业的发展，必将作为支持农民增收新的动力。”

2016 年全国两会期间，李克强总理在政府工作报告中指出，推动电子商务进农村，推进 5 万个行政村通光纤，完善物流配送网络。

在政策和市场的指引下，如何激活中国广阔农村的电商消费和创业潜力，成为各大电商巨头战略发展的新重地。近年来，电商巨头纷纷启动电商下乡步伐，积极开发农村电商市场，促进西部电商潮流形成。

例如京东推出县级以下区域线下加盟合作模式、阿里巴巴进入“农村淘宝 3.0”阶段等。通过完善配套的物流、金融、服务等农村电

① 引自《电商扶贫的甘肃名片：陇南电商扶贫经验全解密》。

商市场基础设施，在推动市场发展的同时，产销升级，促进地方扶贫脱贫。

而除了主流电商平台之外，依托微信等超级 App 的连接特性，可以为农村地区带来远超交易的新发展。

微信公众号及手机 QQ 等社交平台，可帮助农业公共管理部门迅速收集信息，同步了解病虫害传播情况，及时作出部署，并实现大范围信息告知，通过调动最广泛的群众力量，协助公共管理部门维护粮食安全。

另外，还可以帮助农民交流分享种植经验，定向推送行业生产知识，提供远程农业诊断服务。例如，河北省肃宁县绿苑蔬菜专业合作社建立微信群，及时共享相关种植技术和病虫害预防知识，每年培育优质蔬菜种苗 5000 多万株，带动 5000 余户农户种植蔬菜增收致富。

互联网对于落后贫困地区的中国人而言，不但有机会改善生活质量，同时也打开了思路和视野，与发达地区甚至发达国家的信息对称接轨。以电商和微信等平台为代表，为如何触达那些真正贫穷、急需帮助的人群提供了路径，有助于实现精准扶贫。这一点，对全球不发达国家很有启示。

三、O2O 的商业变革

O2O 打通线上线下的闭环，促成线上用户与线下商品和服务的互动交易，使得互联网经济与实体店面经营相融合。对于消费者，人们不仅可以在网络上“买买买”，同时可以动动手指，享受着比以往更便利的本地生活服务。

据中国电子商务研究中心数据显示，以 O2O 为典型特征的生活服务电商市场，2016年市场交易额高达9700亿元。从2014年的爆发式增长开始，细分领域的O2O市场需求不断被开拓。近年来市场常态化发展，逐步回归理性。

从网购到O2O，从线上购买到线下服务，移动互联网从连接人与信息、人与商品等，向连接人与服务的方向，更进了一步。

O2O的业态繁荣，离不开城镇化的“人口红利”。改革开放以来，中国城镇人口不断聚集、增加。人口密度的不断提升，不仅可提供服务的个体劳动力增多，而且服务的多元化和长尾化需求有望被放大成普遍需求，需求服务的频次提升，为基于个人生活服务的商业模式创新提供市场基础。

人均GDP的增长，大众消费能力和意愿的提升，均成为生活服务行业发展的助推器，也带动O2O市场的进一步繁荣。罗兰贝格研究指出，通常一国人均GDP超过5000美元时，对生活服务、文化娱乐、教育及健康等行业的消费支出将全面快速增长。2014年，中国人均GDP已超过7500美元，生活服务行业处于迅速成长阶段。

除此之外，移动互联网技术的发展也是O2O市场的关键一环。例如近年来兴起的LBS、第三方支付以及大数据等技术，有效地打通了商家位置推送和推荐、实时支付等O2O的系列环节。

多方因素加持，O2O已成为互联网+消费浪潮中，服务业创新发展的新抓手。

例如基于O2O的网络外卖模式，给传统餐饮服务行业注入了新的商机和活力，也逐渐改变人们的餐饮生活习惯和消费模式。通过各类互联网订餐平台在线预订，一般1小时内就可以快递上门。尤其雨雪等恶劣天气，人们只需动动手指，就可以便捷地享受到温暖的美食，大大提高了生活品位和质量。

美团点评数据显示，2016年全国餐饮行业的增速为10%，而互联网餐饮的增长却高达300%。单从外卖行业来看，迅猛发展的态势更加明显：2016年外卖行业整体交易额达到1300亿，2017年预计突破2000亿，2018年将攀上3000亿规模。每10个中国人中就有3个是外卖用户。而在这些外卖“吃货”中，有近一半的人已经对外卖产生“依赖”，每周叫外卖超过3次。

除餐饮外，O2O已经走向与人们日常生活的深度融合，不断创造场景或者从一个高频场景延伸到另一个高频场景，例如一系列“XX到家”、“XX到店”的模式出现，传统的生活服务细分市场开始了与O2O的融合发展，驱动本地商业和服务业的线上线下一体化转型。

李克强总理也在2015年两会政府工作报告中提到，把以互联网为载体、线上线下互动的新兴消费搞得红红火火。在移动互联网的连接下，信息生成和传递的速度加速，驱动价值的创造与升级，线上线下的边界和概念正在逐渐模糊。越来越多的线下实体商家“触网”，借助于O2O的模式与消费者发生交互和交易。互联网+消费的这一创新形态，已经开始引领线上线下深度融合的新时代。

四、分享经济的黄金发展

“互联网+”在各行各业的应用和普及过程中，涌现出来诸多的创新模式和业态，分享经济就是其中具有代表性的一种。

分享经济的核心是优化资源配置，通过社会存量资源调整实现产品和服务的最大程度利用，改变了以往不断通过新的投入刺激经济增长的思路，助力供给侧改革，拉动内需，有望成为中国国民经济增长的新引擎，助力中国实现新旧动能转换。同时对于传统的商业模式来说，也是一种颠覆式的创新。

分享经济与“互联网+”有着一脉相承的关系，2016年写入政府工作报告，成为年度热词，也跃升为互联网+消费的新主角之一。得益于国家政策的大力支持，也与当前的经济环境和消费理念的变化息息相关。

随着分享经济风潮的逐步深化，将会对于人们的生活和工作带来更大的变化和影响，我们可以从以下多个维度进行阐释。

1. 分享生活风潮乍起

这是一个在中国许多地方已经成为现实的“共享时刻”——

车主利用上下班时间捎带其他付费用户；共享单车替代短途打车，节能减排；将闲置房间租给游客，不仅有收入还能交朋友；利用空闲时间在网络直播，分享自己的小技能赢得观众，从而获得打赏；在二手交易平台上便捷分享性价比高的闲置物品；通过知识分享平台，碎片化的学习付费知识……这些理想中的分享经济应用场景逐渐成为现实。

从共享单车、汽车，到共享充电宝，从住宿分享到共享办公，从知识分享到技能、劳务众包……分享经济风潮，正在中国土壤上迅速生长。产业格局呈现百花齐放态势，已经渗透十大主流行业，超过30个子领域。既包括人们熟悉的出行分享、住宿分享、在线二手交易等，也包括近年来新兴的知识分享、服务众包、内容创业等领域，诸多创新的业态已经崛起。

分享经济经过几年飞跃式的发展，俨然已经成为商业和资本的盛宴。

首先，未来市场空间潜力巨大。中国网民基数庞大，同时据尼尔森调研数据显示，中国用户分享的意愿在世界排名靠前。不仅如此，创业企业数量井喷。国内分享经济从2011年开始起步，2014年和2015

年井喷，两年增速高达96%和51%。2016年稍有回落，但仍保持稳步增长态势。

其次，经济增长的新动力潜力凸显。据腾讯研究院分析，截至2016年年底，分享经济整体市场交易规模突破2万多亿元，同比增长112%，累计注册用户超过31亿人次，参与人群超过5亿人。国内已经出现15家估值超过10亿美元的独角兽企业，总估值超过4900亿元。

资本市场的助力更是水涨船高。分享经济的投资热点频出，在2016年资本寒冬的情况下，出行、自媒体、医疗等分享领域相对前两年仍旧保持了一定的融资热度。出行分享行业中，滴滴出行一直是吸金龙头，除此之外，出行分享行业新的投资热点不断，例如2014年P2P租车兴起，2016年共享单车火爆等。自媒体行业，正经历着从文字、音频到直播、短视频的内容创业风口。教育分享行业，远程外教、知识分享成为热点领域等。

而且，分享经济的繁荣生长不仅仅局限于互联网+消费领域，更广阔的发展空间在于面向企业和生产资料的分享。借助于“互联网+”下传统行业的升级转型，已经出现了多个机会窗口。例如研发设备分享、人才众包、生产设备和生产能力的分享，及仓储物流的分享等，都已经有企业在开疆拓土。未来这股分享的风潮将会向公共服务及分享城市转变，甚至有望成为引领整个社会的发展。

当然，从国家层面来看，分享经济已经席卷全球，非常多的国家都将分享经济上升到战略层面。毫无疑问，美国作为产业源头，是分享经济创业公司和独角兽企业的风暴眼，也是分享经潮流的风向标。英国政府高度重视分享经济的发展，希望“把英国打造成分享经济的全球中心”。从数据披露来看，与英美发达国家来对比，中国分享经济占整个GDP的比重还较少，未来还有非常大的发展空间。

2. 一场源于经济剩余的创新

分享经济为什么发展得势如破竹？这包括经济、技术等多方面的驱动因素。

周其仁教授曾指出，“分享行为”源远流长，来自人类互助合作天性的分享，要满足一系列条件，才能从小圈子熟人范围内的临时替补性活动，发展成大规模改变生活、商业方式的“分享经济”。

我们同样认为，首先从经济因素来看，自金融危机以来，全球经济处于疲软周期，GDP 增长一直停留在 5% 以下。分享经济能够帮助个体降低成本，提升收入，这个时期海外分享经济开始了腾飞式发展。

从技术因素来看，移动互联网的快速普及、在线支付和云计算、大数据等技术的发展为分享经济奠定基础。尤其是得益于移动互联高效、不间断的连接，将分布式和碎片化的资源整合到专业平台上，在全社会范围内进行大规模的供需匹配，从而催生了新供给，扩展了新需求。正是在技术推动的基础之下，分享经济的应用才会如雨后春笋一般发展起来。

而除此之外，一个不能忽视的核心因素为，传统的分享经济来源于经济剩余，即经济增长需要发展到一定富裕程度。

从工业革命的历次发展动力来看，生产领域的变革需求成为首要驱动力：第一次工业革命，开创了机器代替手工劳动的时代；第二次工业革命，进入电气时代，实现了动力效率的提升；第三次工业革命，旨在通过科技创新，全面降低社会基础设施的成本。工业革命的背后，体现着一直以来产业发展的既成逻辑：技术的进步带来生产能力的提升，从而能够更好地满足用户需求，又驱动产能的不断提高。从技术进步历程来看，这是个供给创造需求的过程。

而当下，中国经济逐渐步入“去库存”时代，传统的产业生产模式遇到瓶颈。分享经济的黄金发展，与当下国内经济形态高度相关。

国内社会普遍存在着大量的过剩资源，由于信息不对称导致的供需匹配效率过低而长期闲置。基于分享经济创造出的调和供给、需求的平台，推动大量社会存量闲置资源被激活，重新投入社会生产流通中，发挥各自的价值。

这意味着，当前，供给与需求之间存在产能过剩与个性需求不被满足的矛盾，需要从分享经济的角度去化解。

从社会因素来看，随着中国城镇化服务承载能力的压力增大，老龄化趋势以及 O2O 消费习惯的养成，都为分享经济的发展提供了有利条件。

更重要的一点，从国家层面来看，中国政府非常重视分享经济的发展，在不同场合均提及发展分享经济。

李克强总理在 2015 年夏季达沃斯论坛上的致辞中肯定了分享经济。他指出“目前全球分享经济呈快速发展态势，是拉动经济增长的新路子，通过分享、协作方式搞创业创新，门槛更低、成本更小、速度更快，这有利于拓展中国分享经济的新领域，让更多的人参与进来”。

2016 年 3 月的两会，分享经济首次写入政府工作报告，明确要“支持分享经济发展，提高资源利用效率，让更多人参与进来、富裕起来”，同时提出“以体制机制创新促进分享经济发展”。2017 年 3 月的两会，分享经济再次写入政府工作报告，提出“支持和引导分享经济发展，提高社会资源利用效率，便利人民群众生活”。

而国家发展和改革委员会也于 2017 年 7 月份出台《关于促进分享经济发展的指导性意见》，从监管、消费者保障、信用体系、就业等全方位提供政策指导，释放了支持和引导分享经济发展的积极信号，无疑对于促进分享经济健康有序发展，提供利好。

长远来看，分享经济不仅仅是一种商业模式，而是一种新的社会经济运行方式。分享经济借助于“互联网 +”的先进技术，以更低成本和更高效率连接整个社会的经济剩余资源。

对于供给侧而言，在经济进入新常态的当下，分享经济能够不以增加新的资源投入为根本，而是通过提升闲置资源（经济剩余）的利用效率，使其重新投入社会生产流通中，产生了新的价值；另一方面，改变了过去以企业端供给为主的模式，增加了个人端供给，大大提升了社会供给总量，也能为个体增加新的就业机会和收入来源。

而对于需求侧而言，一方面，有助于降低消费者的消费成本，提升实际购买力。另一方面，社会供给扩大，能够增加消费者的可选择空间。当前，消费逐渐成为中国经济增长的主引擎。分享经济在多个领域形成了新兴业态，例如共享单车和住宿分享等，拉动消费需求的无限释放，也培育了新的消费增长点。

3. 分享连接，赋能于人

2015 年，腾讯提出在“互联网 +”的进程中，要实现“连接一切”。对于我们这些身处网络中的分散个体，也可以通过连接，实现更大的价值。从这种意义上看，我们认为“连接一切，是为了赋能于人”。

如果说连接是赋能于人的基础，则发展迅猛的分享经济，就是赋能于人的实现方式。我们可以从三个例子来看：

2015 年，电影《西游记之大圣归来》，通过影视众筹的方式，来自不同地域、不同背景的 89 名投资者，累积分享了 780 万元资金，实现了 9.56 亿的票房，每人也实现了数倍的回报。

除了个人的资金可以分享，资产同样可以。

通过小猪这种在线短租平台，个体房主可以将自身的闲置房屋、房间，甚至床位，分享给有需求的人，使闲置的资产重新发挥价值。例如据报道，北京一位退休阿姨当上个体房东之后，年收入达数十万元。

更重要的，还有闲工夫的分享。

每个人都有自己的一技之长和零碎时间，通过分答和约单这类平台，个人可以售卖时间和技能交易，实现更大的价值。例如某医院医生在分答上凭借 100 多个问题的专业回答，收入高达数万元。

以上的例子可以看出，在分享经济的模式下，赋能于人主要有三种实现方式：网络租借、网络二手交易和网络打零工。其背后，体现了分享资源依据经济剩余的不同类型所演化的三类模式。

经济剩余的第一种分享模式，是关于使用权的分享，这种分享形式打破了私人物品一直以来排他性和竞争性的属性，使得私人物品可以在消费者中以个人对个人的形式被分享。

而除此之外，所有权的转让也会成为经济剩余的典型分享模式，很多闲置资源可以二手交易的形式进入再流通领域。

更重要的是，分享经济更丰富的内涵是对于人的认知盈余的分享。克莱·舍基（Clay Shirky）认为，美国人一年花在看电视上的时间大约是 2000 亿个小时，而这几乎是 2000 个维基百科项目一年所需要的时间。众多个体闲暇时间的认知盈余，借助于互联网平台实现分享，为基于碎片化时间的创业提供了更多的机会。

从三类模式的角度看，分享经济正在从基于有形的实物资源的分享，例如物品租赁、资金借贷、二手交易，向无形的基于时间和知识技能的分享转变，例如知识付费、众包物流、个性化的私人服务等平台崛起。诸如优秀教师、医疗专家、职场达人等各类群体，可以打破时间和空间的限制，依托这类平台开展个体知识技能无形资产的分享，将有望放大整体社会资产的价值。

这类经济剩余来源于个人，中国是人口大国，基于知识与技能的分享将会有非常大的潜力可以挖掘。比如滴滴出行，2015 全年中国的订单数量就达到 14.3 亿单，超过 Uber2015 年底实现的成立以来累积 10 亿的订单量。

未来，分享经济不仅将改变人们打车、租房的应用场景，也将使人们对自己所拥有的知识和技能，即个体的价值进行重新的认识和管理应用。

而且当前随着分享经济风潮的深化，各类业态和模式创新的内涵也越发丰富，我们可以称为泛分享经济的诞生。从消费端向生产端，不再纠结个人闲置与否，而是以分享经济的理念，在更大的视野中激活经济剩余，进而形成新的业态和消费增长点，缓解传统经济升级转型的痛楚。

4. “使用而不占有”的新生活理念

互联网使分享变得更加容易，也以分享为基础建立了新的模式和规则。分享经济对于个人的工作和生活、企业的运作，甚至城市的治理都会带来新的变化。作为引领未来社会的发展风潮，分享经济也必然会给社会大众的文化理念和价值观念带来影响。

回顾工业革命的历史进程，无论是蒸汽革命，还是电力革命，均提高了社会经济运行效率与人类生活质量，皆为人类发展史上重大里程碑。社会进步的同时，诞生和发展了资产私有制，生产资料所有权者掌握大部分社会资源。

以前，物质主义得到大量吹捧，并且大众认为物质和幸福感呈正相关关系。可是如今，当物质财富增长到一定程度之后，舆论越来越多地在探讨，幸福和物质的更深层内涵。过度的物质消费，不仅造成当代能源环境危机，而且还会引发系列社会问题。

随着当前生活水平提高，产品稀缺性降低，按需生产、柔性生产的模式已经出现和得到推广，物品的所有权是否还如此重要？尤其随着分享经济的横空出世，人们开始平衡使用效率和成本之间的关系，使用权和所有权的天平已经在开始倾斜。

因此，基于实物资源的分享，带来重要理念“使用而不占用”和“够用即可”的变革。

“使用而不占有”，这是由 Airbnb 创始人布赖恩·切斯基（Brian Chesky）提出。如果能够满足需求，不一定需要通过买卖获得所有权，而是可以进行租或借。

雷切尔·博茨曼（Rachel Botsman）在其畅销书《共享经济时代》（*What's Mine Is Yours: The Rise of Collaborative Consumption*）中强调了类似的“够用即可”的理念。雷切尔相信分享经济可以瓦解过时的商业模式，帮助人们跳过过度消费这种浪费的模式，并教会人们何为“够用即可”。

在分享经济下，物品的所有权和使用权通过数字交互完成分离。共享单车、共享租车，甚至共享房屋，让拥有不再是必需。租用带来的便利使得整体的社会资源得到最佳利用和最大节约，已经开始颠覆人们对于物质所有权的认知，重塑未来生活的标准及追求。

互联网营造了线上世界自由的乌托邦，人们在线上极力崇拜着互联网精神“开放、平等、协作、分享”，分享经济的横空而出，将这种线上的信用观念与现实世界相融合。正如有用户在住宿分享平台体验时，提到“分享的观念和共同的责任。我的转租人为了利益努力提供一个完美的住宿，而我则尽力保持它的完美，有这样的观念和责任便足够其一直良好地运作下去”。

而在基于知识和技能的分享模式下，分享即意味着合作、开放和信任，陌生的个体之间，通过知识与技能分享平台，加强了个体之间的信任和合作，拓展了社交性，有望实现“人人为我，我为人人”的局面，进入因分享经济而打造的新的互联网亲密时代。因而，分享经济是用一种全新的商业模式，使得利己和利他变成一个统一体。

如果说，网络购物的繁荣发展，为人们重构了“便捷购买”的消费理念，而分享经济，则在物质丰富之后，带来了人们生活观念和思维模式的进一步颠覆。在分享经济的理念下，消费模式有望从“扔掉型”转变为“再利用型”，从整个社会供给来看，也有助于减少社会供给总量，推动绿色革命。

5. 产消者的创造力扩散

分享经济风潮的就业红利已经显现。据腾讯研究院分析，2016 年分享经济平台上的个体服务者数量已经累计近 1 亿人次。其中以服务众包、自媒体、物流众包、出行分享等为主要提供就业机会的细分领域。

在分享经济下，人们不仅可以作为分享服务的消费者，也有能力成为服务提供者，即人人都是产消者，生产者和消费者的结合，集供方和需方角色于一身。这也意味着这些数亿的分享经济参与者，未来都有机会便捷地接入分享经济平台，分享自己的闲置物品或认知盈余，也会催生越来越多的灵活就业机会，就业耦合性将被打散。

一种新的社会分工方式逐渐诞生，改变了传统的雇佣模式和就业模式，人们可以依照自己的兴趣和技能灵活选择工作机会，无须把自己限定在雇佣协议里面，依靠自己的一技之长实现多元化就业和多途径营收，隐性就业和多重职业成为潮流。未来将走向自由职业者的世界，使个人的价值充分得到市场化变现，实现所谓的人尽其才、物尽其用。

同时，在这种模式下，创新力和创造力不再局限于传统的企业内部，而是向千千万万的个体自由人扩展，真正实现大众创业、万众创新。

这种自由灵活的就业理念和工作方式已经成为趋势，国家的政策也开始有所推动，例如在医疗、科研等领域允许多点执业和兼职兼薪。

2016 年 11 月中共中央办公厅、国务院办公厅印发《关于实行以增加知识价值为导向分配政策的若干意见》，允许科研人员从事兼职工作获得合法收入、高校教师从事多点教学获得合法收入。2017 年 2 月国家卫生计生委发布《医师执业注册管理办法》，对原相关医师执业注册暂行办法中有关医师执业地点、注册模式、注册变更程式和退出机制等做出修改完善。同期，人社部推出《关于支持和鼓励事业单位专业技术人员创新创业的指导意见》，支持和鼓励事业单位专业技术人员挂职、参与项目合作、兼职、离岗创业等。

对于个人而言，在分享经济的未来，正如纽约时报提到，人们可以依靠自己的日程去选择工作，而不是像现在这样让工作来安排日程。

对于整个社会的价值创造来说，分享经济下的产消者逐步壮大，催生释放碎片化时间及闲置资产的价值。相信随着信用体系等基础设施和环境的完善，分享经济的社会价值将得到指数级放大。

分享经济，正如李克强总理在 2016 年夏季达沃斯论坛致辞所言"共享经济也是众创经济，它可以让人人参与、人人受益，有利于形成合理的收入分配格局，为每个人都提供平等竞争的机会，壮大中等收入的群体，也让每个人都有发挥自己潜能的机会去追求人生的价值，促进社会的公平正义"。

6. 走向海外的中国出行分享

作为全球科技革命和产业革命下涌现出来的新业态和新模式，分享经济正在成为席卷全球的力量和风潮，不仅在美洲、欧洲、亚洲、大洋洲有了长足的发展，在非洲也开始萌芽。成立于2009年的美国创业公司Uber，秉持“让每一辆汽车都可能成为出租车”和“让每一位司机都可能成为出租车司机”的理念，从出行分享开始，点燃了全球范围内的分享经济热潮。

对于国内而言，随着中国城镇化人口的快速增长，出行行业高频加刚需的特点，传统供给的资源瓶颈明显，而分享经济恰恰能够通过新的供给模式，协调城市出行资源的不均衡和信息不对称，从而达到提升资源利用效率，同时降低运行成本的目的。

从2012年初开始，这股出行分享的创新热潮在中国萌芽，以滴滴出行、摩拜单车等为代表的领军企业，不仅在国内风生水起，而且借助其商业模式和技术模式创新，已经开始走向海外，成为中国分享经济发展新一极的风向标。

2012年9月，滴滴出行在北京中关村诞生，历经几年发展，当前正向着出租车、专车、快车、顺风车、代驾以及城市公交等多种出行工具在内的一站式出行平台全力迈进。

2015年，滴滴出行在中国完成14.3亿出行订单。截至2016年12月，滴滴出行平台已覆盖4亿用户，覆盖城市超过400座，日峰值订单量达到2000万+，已经成为全球最大的移动出行平台。2016年春运期间，滴滴跨城顺风车覆盖31省，累积有190万人合乘出行，预计2017年春运期间该数据将增长到840万。[①] 从上下班白领到高校学生，从创业青年到商务精英，无一不享受着出行分享的便利，正在重塑全新的出行体验。

随着2016年“滴滴海外”正式上线，中国游客去美国游玩，即可用滴滴出行App呼叫到美国本土出行分享平台Lyft的运力，而且可以

---

①引自滴滴报告《2016智能出行大数据》。

直接微信支付。这意味着，滴滴出行迈出了国际化重要的一步。

而出行分享行业除了滴滴出行的领军企业之外，新的热点频出。从 2016 年开始，共享单车连接出行“最后一公里”，成为产业和资本的热点。据交通运输部科学研究院城市交通中心统计，截至 2017 年 5 月底，国内共享单车企业已超过 50 家。2016 年 11 月到 2017 年 5 月，全国共享单车数量增长超过 50 倍，是公共自行车数量的 10 倍以上。

不仅创业企业猛增，从 2016 年下半年开始，共享单车企业密集获得融资。目前融资轮次最高的 ofo 和摩拜单车更是创造了在 70 天内融资 8 次的资本奇观，已经双双成为独角兽。2017 年共享单车发展势头依然迅猛，以摩拜单车、ofo 为代表的共享单车企业极力争做下一个“滴滴出行”。

这意味着，移动互联网的发展体量变大，虽然增长“斜率”梯度放缓，但还有很大空间。像摩拜单车这样的共享单车模式快速成长起来，并且已经在走向海外，推动共享单车成为全球通用语言。

2016 年 4 月 22 日，编号为“0210019836”的第一辆摩拜单车在上海投放。一年后，当摩拜公司追踪定位到这辆仍在路上的单车时，它已服务了 1975 个用户、骑行 2021 次，累计公里数超过 4850 公里。而它只是摩拜全国众多城市投放的共享单车之一。

摩拜单车于 2016 年 4 月在上海正式投入运营。经过一年多的发展，摩拜单车已进入全球 9 个国家的超过 180 个城市，投放超过 700 万辆智能共享单车，服务超过 2 亿用户，每天提供超过 3000 万次骑行，创造了惊人的发展速度。截至 2017 年 4 月，摩拜单车的全国骑行总距离达 25 亿 + 公里，相当于往返月球 3300 次，相当于多种了 3000 万棵树，为地球减少了碳排放量 54 万吨，减少了 17 万小汽车一年的出行碳排放量，减少了 45 亿微克 PM2.5。①

① 引自摩拜单车报告《2017 年共享单车与城市发展白皮书》。

而且不同于传统的公共自行车，在摩拜单车简约的设计背后，实则蕴含着科技创新的巨大力量。通过每一辆摩拜单车上搭载的“北斗+GPS+格洛纳斯”三模卫星定位芯片和物联网通信芯片，摩拜单车已建成全球第一大移动物联网系统，每天产生超过30TB的出行大数据，实现供需平衡预测、骑行趋势预测和智能化停放管理，并为城市管理和交通规划部门提供科学决策参考。

摩拜单车到达海外后，以其精致的外形设计，以及手机App智能找车、云端开锁、扫码即走等新奇的产品体验，引起了海外当地市民的广泛兴趣。以摩拜单车为代表的国内共享单车风潮，践行的智能、环保、方便、实惠的智能共享单车出行方式，正在走出国门，带给世界更多惊喜。

佛罗伦萨市长纳德拉称：“我们很荣幸成为意大利首个引入摩拜单车这种创新的无桩共享单车的城市。佛罗伦萨是一座适合骑行的城市；有了摩拜单车，市内骑行将更加轻松和快捷”。米兰市长萨拉称：“任何一个像米兰这样的国际旅游城市，都能够从战略高度领会这种可持续发展的出行服务的重要意义。我们非常高兴能够引入摩拜单车，为米兰市民及游客提供更先进、更便捷的自行车出行服务”。

可以看到，以摩拜单车和滴滴出行为代表的国内分享经济翘楚，在开拓国内市场的同时，均已经在进行全球化布局，以分享经济之风引领海外风潮。

正如分享经济的倡导者瑞恩·格丽（Ryan Gourley）所言，分享经济从一个城市开始，逐步扩展到一个地区，进而渗透到整个国家，最后形成一个分享的世界。分享经济正处入快速扩张期，由点到面，向四面八方辐射着变革求新的强大力量。

分享经济作为一种全新的经济范式，是新经济的重要构成。当前，分享经济的黄金发展期已经到来，对于整个社会的资源重构、组织重构、治理模式等都将带来巨大影响和突破，与传统业态和既有制度的摩擦在所难免。因此，对于分享经济发展道路上的“成长的烦恼”，也可以从征信体系、保障体系等方面寻找解决思路。

只有让利益博弈和法治同行，才能使分享经济这种经济增长新动能充分发挥作用，助力中国经济实现新旧动能的接续转换。

五、迎接更加智慧的未来生活

城市社会学家卡斯特（Manuel Castells）认为，网络的出现及其彼此相连，将使信息在全球范围内的及时流动成为可能。从而形成一种特殊的空间形式：流动空间。于是，一切社会活动都可以在地理上获得延伸。而在时间方面，卡斯特区分了传统的机械时间、生物时间以及网络社会背景下具有相对性的社会时间—在这个意义上，网络社会将构建新的社会时空。①

移动互联推动下的“互联网 +”时代已经到来，网络渗透到个人生活的多个方面，成为不可逆的趋势。基于“互联网 +”的新兴业态，也已经在中国广泛落地生根。在金融、医疗、教育、交通、O2O 等领域中直接贴近消费者的环节，“互联网 +”已经成为工具，或是改变着和用户的交互方式，或是催生出新的商业模式，或是用信息的交互带来效率的提升。

举例而言，创新源于细节。在消费领域，发票的开具一直是商家售后服务的核心一环。2015 年 12 月开始，国家加快推动电子发票的进程。电商、电信、金融、快递行业率先响应号召，向消费者开具并

① 见曼纽尔 · 卡斯特《网络社会的崛起》一书。

推广电子发票。根据广州税务局公布的数据，自 2014 年 9 月试点后的一年内，京东商城、唯品会、中国移动（线上渠道）三家试点企业共开出超过 4000 万张电子发票。这还只是传统发票千亿级市场的冰山一角，可见市场潜力之巨大。而在“纸电并行”的行业过渡期，总会面临阶段性的难题。

微信电子发票应运而生。秉承微信极简、友好的人机交互设计，通过公众号、小程序、卡包、扫一扫、企业微信的整体连接能力，在行业内率先实现手机端“开票—保存—流转—报销”的全流程闭环。自 2016 年上线以来，微信已为超过 1000 万用户，轻松归集、流转超过 3000 万张电子发票。在发挥“连接”作用的同时，不断向用户传达“简单一‘点’”的价值主张。

而且，除了开票、报销这样的核心能力，微信电子发票不断完善连接上下游的产品能力，在 2017 年 12 月的微信电子发票合作伙伴大会上，腾讯宣布将以下五大能力，向全国各行业免费开放。

▎微信电子发票开放五大能力

见微知著，通过“构建开放生态，依托合作伙伴，创造优秀的电子发票”产品的例子就可以看出，借助科技和移动互联网的创新发展，有利于提升消费生活品质，也有望开创出产业共赢、社会福祉的新篇章。

当然，可以肯定的是，目前“互联网 +”带来的各行业改变只是开始。

就像互联网 + 医疗，绝不仅限于用手机挂号、打通医保支付这么简单。未来，会重塑各个行业的核心竞争力。在基于“互联网 +”构建的新社会时空里，我们在迈向更加智慧的线上生活进程中加速前进。

如果说，互联网 + 消费领域的上半场，很大程度上是靠人口红利和粗放增长。那么当前智能手机的年销量趋稳，网民数量的增速也逐渐趋缓，红利逐步成为过去式，现在更多的是要依靠创新，尤其是技术的创新发展。随着人工智能、大数据、云计算等智能技术在近年来的渗透和应用，大众的线上生活方式将迎来更大的突破和变革。

例如，O2O 的发展早期需要依靠地推和补贴，受限于较高的边际人力成本，平台要盈利势必要突破屏障，利用互联网的信息化优势为商家和用户赋能，可以通过提升线下商家的运营及服务水平来提升效率，降低用户的交易成本，来提升用户体验水平。一种有趣的说法是，O2O 的下半场，不再只是 Online to Offline，而是 Online Tech Offline。

网购市场也有望迎来变革。VR、AR 等技术在电商领域的应用带来了全新的购物体验，推动更多零售业态的转型升级。同时，智能消费正在成为新的热点。从“双十一”销售数据来看，阿里零售平台的智能消费占比，从 2012 年的 1.6%，已经提升到 2016 年的 7.4%，各类智能设备正在日益丰富，涵盖从饮食、娱乐、穿戴到健康、居住、出行等生活工作的方方面面。

分享经济更是如此。

AI 已经在出行、物流、医疗等分享行业形成雏形。例如 Uber 利用 AI 技术研发无人驾驶汽车；京东发布无人机进行物流配送；达 · 芬奇机器人可提供远程手术解决方案，为医疗事业做出贡献；甚至直播领域已经尝鲜智能机器人主播形式。

基于区块链的分布式和一致性存储系统，实现对于 P2P 商业模式下透明真实的信用管理体系。包括在 P2P 网贷、住宿分享等分享经济细分领域都已经开始尝试和探索。

借助 VR 的新兴手段，可以使分享的形式更加丰富，已经在直播、教育、医疗、空间等领域崭露头角。例如医疗上，VR 医院可提供远程医疗计划服务；教育方面，沉浸式虚拟教学大有可为；空间方面，住宿分享开放 VR 看房服务等。

在物联网时代，利用传感器及芯片等技术，万物互联互通，有助于分享经济整合分布式和碎片化的资源，进行按需匹配，使一切皆可分享成为可能。

当然，“科技改变生活”并非只再是一个口号，而是在互联网＋消费的浪潮中，大众能够感受到的智慧生活切实体验。只有顺应这一潮流，正确认识，积极参与，主动拥抱，才能避免所被淘汰。如今人们所见到的每个细微生活的改变，都是正在经历的智慧生活的时代缩影。

第三章

创意者崛起，共享科技和人文的连接

无论在中国还是在世界其他地方，一个难以回避的事实是，在科技力量的塑造下，人们精神生活的各方面都在发生显而易见的变化。互联网和智能手机的使用得到大范围普及；同时，人工智能、虚拟现实技术、物联网等新科技的应用，更使得地球上人与人之间、物与物之间、人与物之间的“连接”变得更加紧密。

新的科技催生新的生活方式，新的生活方式和行为方式塑造出新的精神文化生活，这是前所未有的文化变迁，也是一个新文明时代的开启——新的社交应用催生新的沟通习惯；动漫激活了“二次元”文化；网络文学激活了“草根创作文化”；游戏带来了体量庞大的电竞文化……这种根植于互联网基因的“泛娱乐”生态带来了“去中心化”，进而改变了中国人的自我表达、沟通范式以及精神文化生活。

目前，网络文化产业已经成为激活文化消费和信息消费的新引擎，以文学、影视、动漫、游戏、音乐、新闻等为代表的细分领域增长势头良好，整体营收规模和产值正加速增长。中国的网络文化产业已经位居世界前列，2016 年的整体营收是 3820 亿元，与日本和韩国相当；按此增速，到 2020 年将超过日本和韩国，仅次于美国，成为全球第二。包括 IP 版权交易规模和授权衍生周边在内的广义产值，2016 年产值突破 5600 亿元。[①] 网络文化产业已经成为社会经济发展中的重要组成部分，同时与相关经济领域形成了十分紧密的产业链。

---

① 引自腾讯研究院《2016 年中国互联网内容产业全景数据解读》。

一、新社交时代来临

中国有句俗话叫“民以食为天”，但其实对于中国人来讲，社交的重要性或许不亚于一日三餐。对推崇含蓄、内敛的中国人来说，互联网社交工具是他们表达自我、沟通互动的绝佳方式。

如果说，“我思故我在”“存在即被感知”是古典主义的信息传递方式，那么在移动互联网时代，移动互联网、智能手机可以说在某种程度上给予了人们一种新的“存在”形式——基于个人ID的在线社交。林林总总的社交软件，其背后的话题内容、文化品位、审美风格等要素，可以说给予了人们一种新的“身份界定”。

移动社交应用根据用户在不同场景下的社交需求可以分为不同的种类。根据CNNIC 2016年4月发布的《中国社交应用用户行为研究报告》研究来看，按照功能角度划分，社交应用大致可分为即时通讯工具、综合社交应用、图片/视频社交应用、社区社交应用、婚恋/交友社交应用和职场社交应用等六大类。

在中国，日常沟通、交流影视/音乐/旅行等兴趣爱好、获取及分享知识等是用户使用这些社交应用的主要目的。根据CNNIC第40次《中国互联网络发展状况统计报告》数据显示，截至2017年6月，使用率排名前三的社交应用均属于综合社交应用。微信朋友圈、QQ空间作为即时通讯工具所衍生出来的社交服务，用户使用率分别为84.3%和65.8%；微博作为社交媒体，得益于名人明星、网红及媒体内容生态的建立与不断强化，以及在短视频和移动直播上的深入布局，用户使用率持续回升，达38.7%，较2016年12月上升1.6个百分点。

2016.12—2017.06 典型社交应用使用率①

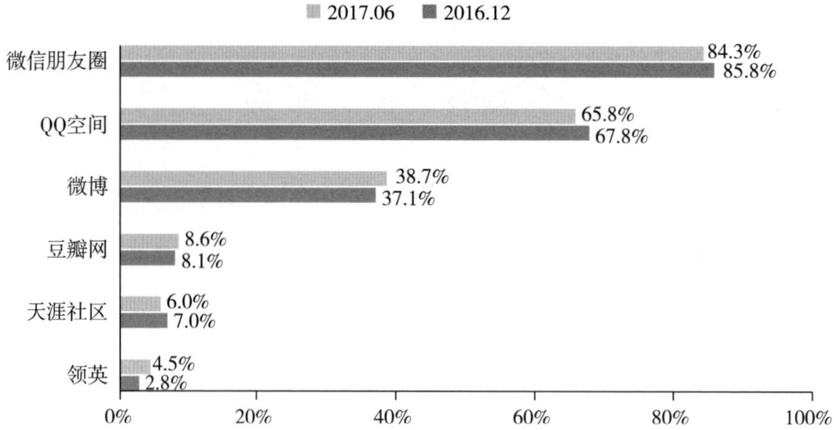

现在，中国人最经常使用的社交工具首推微信（WeChat），这几乎可以说是一款人手必备的社交应用。

经历六年的发展，目前微信已经成长为可以与 Facebook、Instagram、Twitter 比肩的世界级应用。根据 App Annie 的监测数据，从日活跃用户数和单日平均使用时长来看，微信的表现与 Facebook 基本相差无几。

全球主要社交应用日均活跃用户数②
（2016 年 8 月 15 日—2017 年 8 月 15 日）

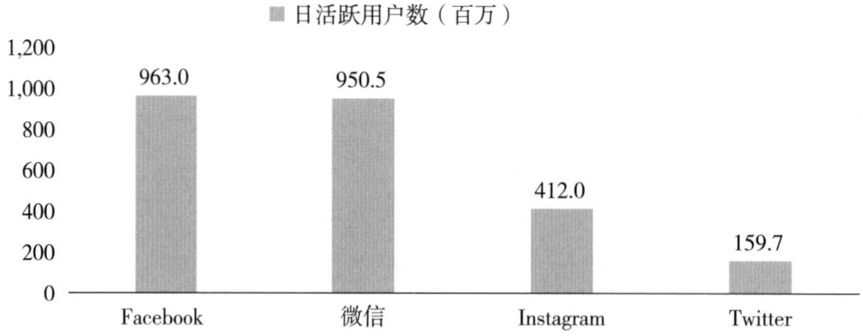

① 来源：CNNIC 第 40 次《中国互联网络发展状况统计报告》。
② 来源：App Annie。

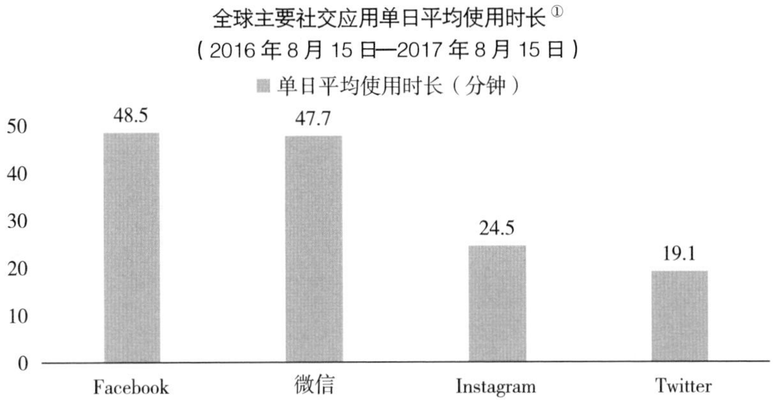

诞生于2011年初的微信，已经成为中国人生活方式的一部分，截至2017年9月30日，微信和WeChat的合并月活跃账户数达到9.8亿[②]。现在，微信已经不再是单纯的社交应用，而是成为人与人、人与服务、人与社会的连接枢纽。

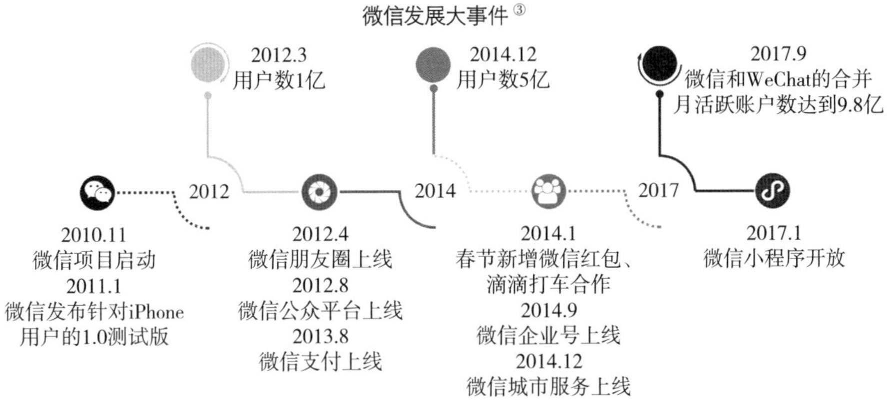

“朋友圈”：这是微信在2012年4月推出的一项社交功能。通过朋友圈可以发表文字和图片，同时，通过其他软件发送至微信的文章

---

① 来源：App Annie。

② 见腾讯公司2017年第三季度财报，https://www.tencent.com/zh-cn/articles/ 13006001510736625.PDF

③ 来源：腾讯研究院。

或者音乐等内容也可以分享到朋友圈；微信内好友可以对发布的内容“评论”或“点赞”。这样，不常联系的朋友可以通过用户发布的个人近期动态来了解用户的生活。

朋友圈是了解他人生活的窗口，由微信好友在朋友圈分享的新闻资讯、行业动态、评论文章、音乐 / 歌曲、视频动画等内容，也使得朋友圈成为移动互联网时代最重要的内容分发渠道之一。因为朋友圈的内容是由用户的微信好友发布的，因此在内容上往往同用户具有一定的“社交关联度”，可以让用户快捷、高效地获取各类内容资讯，同时也了解到自己好友近期的生活动态和关注热点。

微信红包：微信红包诞生在 2014 年春节期间，是移动互联网和中国式社交的一次成功结合，体现出中国人对情义、关系和馈赠的看法。在每年春节这个特殊的节日里，亲朋好友之间派发微信红包、求得红红火火顺顺利利，已经成为移动互联网时代的“新年俗”。

在中国文化中，Hong 代表红色，bao 表示信封。在特殊的节庆日，中国人喜欢把一定数量的现金放入红色的信封中，分发给亲朋好友以传递快乐和幸福。总体而言——长辈应该给年轻人红包；在中国的南方，例如广州，已婚的人应该给未婚人士发红包；老板应该给员工发红包等。现在，红包已经成为微信的标签之一。这说明了手机支付在中国的流行，同时也是互联网 + 文化的绝佳例证。

一般来说，在除夕夜参与红包活动的人最多，而流量的最高峰通常出现在零点前后，在 2017 年鸡年春节假期期间（除夕至初五），中国的微信用户一共发出了 460 亿个红包。

可以说，微信承接了“熟人关系链”下用户社交的绝大部分需求，比如即时通讯、小额支付、工作沟通等等；当然，除微信和 QQ 外，国内也涌现了其他亮眼的社交应用，例如微博。截至 2017 年第三季度，微博的月活跃用户已达到 3.76 亿，次于微信和 QQ，成为国内社交领域巨头平台之一。

微博专注于陌生人间公共话题的讨论——比如了解新闻热点、针对新闻热点事件发表评论，它同样在中国人的社交生活中扮演着重要的角色，犹如古希腊时期城邦的公民聚会议政的“广场（Agora）”[①]，是人们社交行为的扩大和深化。

对社交平台来说，即时通讯是一大重要功能。而沟通联络之外，中国社交平台的发展早已经超越了单纯的沟通联络属性，形成了“社交 + 内容”“社交 + 服务”“社交 + 商务”的综合立体格局，成为人与内容、人与服务、人与商业的“连接器”，衍生出与 Facebook、Twitter 等国外社交应用完全不同的发展生态。

以 Facebook 和微信为例：Facebook 的生态大致是一种“分布式”架构，Facebook、Messenger、WhatsApp、Instagram 都是独立的应用程序，而且 Facebook 这种“分布式”生态的主要服务仍然是社交和资讯内容；而微信所延伸出的生态则是一种“集成式”的架构，除了核心的社交及资讯服务之外，用户的支付、购物、娱乐、公共服务等也是发生在微信应用程序内的。[②]

而在 Facebook、Twitter 中只有非常少量的第三方服务接入，而且流行程度非常低。它们的主要功能仍然聚焦在社交上，在整体上还没有从信息流过渡到“信息流 + 资金流”，在社交应用内与生活服务的大规模结合也还没有实现。

---

① 在古希腊，广场（Agora）是城邦空间形态的重要组成部分。从早期的道路、连廊到由建筑围合而成的广场，古希腊城市广场的形成与其社会功用始终是相适应的。古希腊时期的广场清晰地体现了其公民的政治属性，兼有市场、知识传播等功能，成为政治、经济、社会生活的复合中心。

② 现在微博内也能实现点餐、打车、买电影票、医院挂号、生活缴费等多项服务内容，微博内的服务内容主要通过支付宝打通来完成。

微信钱包内的多项服务内容

究其原因，这首先要得益于移动互联网在中国的快速发展——移动支付的大面积普及，以及本地生活 O2O 服务的发展浪潮，为微信在塑造“集成式”生态系统方面创造了良好条件；其次，中国的政策和法律环境具有全国范围内的一致性，这也为腾讯、新浪等企业进行创新型尝试省去了标准化的麻烦，可以更加专注于中国用户的移动互联网使用习惯，并提供卓越的用户体验。种种因素下，以微信为代表的中国社交平台，就形成了与海外同行们截然不同的“集成式”的生态，这一生态大致有以下三个部分构成——

社交 + 内容：社交平台作为连接人与人的互联网应用，天然具有信息聚合的功能，海量用户的分享、转发也使得社交平台成为新的内容分发渠道，基于社交关系链生成的内容，更有利于人际传播和扩散。海量的内容生产者与社交平台相伴相生，用户通过社交平台实现信息的分享和共振。

在以工业文明为特征的现代社会里，内容的生产、传播由专业的媒体、研究机构、出版机构完成；而在移动互联网时代，内容生产环节的“去中心化”特征变得非常明显，每个用户都在一定程度上创造了内容、传播了内容。此外，除了普通用户之外，近些年，在中国的诸多社交平台上还涌现出大批网红、自媒体人、大V等，同样创造了大量内容和传播热点。PGC与UGC相结合，一起构建了“社交+内容”的文化图景。

社交+服务：我曾经提出过一个问题——“互联网加一个传统行业，意味着什么呢？其实是代表了一种能力，或者是一种外在资源和环境，对这个行业是一种提升。”在中国，互联网可以“+”哪些行业呢？目前在民生、医疗、教育、交通等领域，互联网对传统行业的提升作用越来越明显。

比如在民生领域，中国的各级政府通过在微信上开通公众账号，面向社会提供多种政务服务；市民则可以通过微信上的“城市服务”入口获得医院挂号、水电费缴纳、民政手续预约、社保公积金查询等多种民生服务，节省在线下办事窗口之间奔波的时间。举例而言，在多方共同推进下，目前“微信智慧行业解决方案”已延展到客运、医院、加油站、景区、校园等30多种行业或场景，多方施力也让微信的布局呈现区域化、规模化效应。

社交+商业：从社交平台与垂直行业的结合来看——不论是直播、广告、游戏等紧密相关的细分领域，还是电商、本地生活、互联网金融等，社交平台都在相关产业链寻求更多发展空间和融合的机会。

比如，微信支付作为移动支付的代表之一，已融入吃喝玩乐、旅游出行、缴费就医、政务办事等日常生活的方方面面，并且微信不断降低接入门槛，随着“微信买单”的推出，中小商家可以“傻瓜式”接入，彻底摆脱技术包袱。低门槛、自助化、普及化，让便捷、高效进一步融入各行各业的“毛细血管”。[①]

同时，微信支付也在不断发力跨境业务的发展。2016 年从事微信支付跨境业务的第三方服务商发展迅猛，数量不断上升，规模不断扩大，覆盖行业不断增加。为维护公平、开放、自主的境外服务商生态，微信支付通过境外开放平台，推出了更加明确的境外服务商合作原则，让服务商可以在健康的生态中持续运营。

2017 年 3 月，微信支付公布了 2017 “赋能创新”三大方向，将向合作伙伴开放数十种类别、上百个项目的全新能力，以微信支付为基础，与合作伙伴共同壮大移动支付的千亿规模服务生态。

二、人人都是创意者

在互联网的新时代中，创意已经成为创作者和用户共同的作品，一种由“生产者”和“消费者”身份合成的“创意者”正在成为新型文化经济中的主体，创意者经济随之崛起。互联网提供了一个广阔的展示平台，很多工作之余憧憬梦想的人有机会创作作品、放在网上，供大家欣赏和购买，甚至有些还能够被改编成影视作品，让这些有才华的人开启一段新的职业生涯。这场内容创业、创意、创新的潮流随着移动互联网的发展迅速崛起，主要得益于多样化的变现方式、大平台的积极扶持，以及资本的强力推动。

首先，多样化的变现方式赋予创业者创意创新的积极性。

内容创业最早的变现形式以付费阅读模式为主，后来延伸到打赏模式；此外，对于近年来产生了较大社会影响力的自媒体来说，广告也是主要的变现方式；而随着专注于美妆、美食、旅游等垂直生活类

① 引自腾讯《2017 智慧生活指数报告》。

内容逐渐增多，“内容＋电商”的变现方式也逐渐开始流行。

而对内容产业来说，变现能力最具延展性的当属 IP[①] 开发，近年来《仙剑奇侠传》《花千骨》《琅琊榜》等 IP 的开发，就是内容产业跨界增值、实现变现的有力证明，而打通 IP 在不同载体间的跨平台传播，联动不同载体、不同介质的共振效应，也是未来的发展方向之一。

其次，内容产业的创业、创意、创新离不开大平台的积极扶持。

文创领域的移动互联网平台不仅为创意者提供生产制作内容产品的“基础设施”，更为广大内容创作者提供各种扶持计划，支持内容创意、创新的诞生。

例如，阿里文学推出的“光合计划”、腾讯推出的“芒种计划”、今日头条推出的“千人万元计划”、百度百家根据流量与作家分成的机制、喜马拉雅 FM 推出的有声自媒体扶持合作计划等，都是大平台推出的专项扶持政策，旨在为内容创作提供更多便利与帮助，释放更强大的内容生产力。

同时，资本的强力推动提供了坚实的资金保障。

内容创业的良好、健康发展离不开资本的推动。目前，中国国内已经有多家专注于内容投资的机构陆续成立，这些机构投资者的出现将带动内容创业的商业化进程，为依托于互联网及移动互联网的内容创业者提供启动资金和专业支持。

在大平台的积极扶持，以及资本的强力推动下，内容产业出现了诸多重要改变，过去很难有机会崭露头角的创意者获得了更多的机会、更便捷的渠道，由此生产出了越来越丰富的内容作品。在这种创意者经济中，一种新的内容生产和传播方式正在生成，它打破了用户与创意者之间的界限，尤其是在线内容——例如新闻、文学和知识分享领域的变化尤其显著。

① IP：英文为“intellectual property”，其原意为“知识（财产）所有权”。

1. 双向的互联网新闻传播变迁

网络的高速发展给传统媒体带来挑战，相对于传统媒体，新媒体逐渐受到大众越来越多的欢迎。传统媒体大多运用单向传播机制，将媒体采编、审查后的信息附加于特定的载体，再进行广泛传播，而这种传播方式很难及时得到用户反馈。

和传统媒体相比，新媒体的传播机制则更加广泛，打破时间和地域的藩篱，而且受众不再仅仅被动地、单向地接受媒介所“灌输”的新闻，而是同时成为新闻的传播者。根据中国互联网络信息中心（CNNIC）的数据表明，2016 年超过 80% 的网民使用网络新闻服务，手机网络新闻用户规模为 5.18 亿。①

天天快报产品界面示例

在新媒体快速发展的浪潮下，涌现了今日头条、天天快报、一点资讯等一批优秀的新闻阅读产品。这些产品以智能化技术为依托，为

① 引自 CNNIC《2016 年中国互联网新闻市场研究报告》。

用户进行个性化推荐，为用户带来与传统媒体或者门户网站截然不同的阅读体验。

例如，腾讯天天快报通过智能算法追踪阅读者的兴趣，给用户推荐喜欢的内容，真正为用户做到千人千面的资讯浏览体验。

当用户通过微信、QQ、手机号等登录天天快报时，它能通过算法快速解读出用户的兴趣点，从而进行精准的阅读内容推荐。即便是具有相同兴趣爱好的用户，也会因城市、行业、年龄等不同而具有同一兴趣领域下的差异化细分。

互联网不仅使新闻能够实现精准推送，同时也使得新闻内容更加丰富化，信息来源渠道多样化。一方面，以前只能通过有限的媒介来接收新闻信息，现在打开互联网就能随时随地掌握最新资讯，实现了信息更新及时化。另一方面，突发新闻、重大新闻和热点新闻是传统新闻的主要素材，现在日常生活中的事件也能够引发共鸣——相亲角、地铁晚高峰等日常素材也成了戳中人心的报道。并且通过新媒体渠道还为公众提供了关注国家政策、参与社会事务的有效途径，增强了公众的社会责任感。

2. 更扁平的在线文学崛起

相比传统文学，网络文学的表达更加自由、题材更加丰富、格调更加通俗易懂，正在受到越来越多人的欢迎。传统文学的文字作品从写作到发表要经历一个漫长的过程。作品的出版不仅仅依靠作者周密可靠、详实可查的创作，还要经过较长的出版过程才能和读者见面，等待时间长，手续复杂。

而网络文学更趋于扁平化。一些网络文学的创作和发表，可以充分利用自媒体平台，实现快速发布、定期更新，对于创作者而言，发布更便捷，效率更高；对于读者而言，阅读更方便，手机移动端可以随时随地的获取感兴趣的文学内容，享受到与传统文学作品完全不一样的阅读体验。

2003 年 10 月，起点中文网[①]正式开始运营 VIP 付费阅读制度，草根作者能够借此靠写作养活自己，这一全新的运营模式使得网络文学成为一个可持续发展的新兴行业，是一个具有划时代意义的新举措。2015 年，阅文集团成立，真正开启了“全民阅读”的新篇章。如今，阅文集团旗下拥有创世中文网、起点中文网等一系列网络原创与阅读品牌，逐步实现其成立时“不让作家继续清贫，不让读者无书可看”的网络文学梦想。从通过网络文学作家福利制度推动网络写作职业化，到推出“白金作家”制度、使作家品牌化运作，阅文平台逐渐成为大量作者表达自我的第一选择。

互联网时代，网络文学平台迎来快速发展期，在此期间，诞生了大量的网络作品，越来越多的读者开始感受到网络文学的魅力。经过多年的发展，网络文学题材类型也不断丰富，涌现出了玄幻、仙侠、都市、历史、军事、悬疑、言情等多种类型广受欢迎的题材。

其中，阅文集团以作家、读者和提供文学内容的规模及质量计算，已成为中国网络文学最大的平台，截至 2017 年 6 月底有 640 万作家和 960 万文学作品；在阅文平台及腾讯分销平台上的自营渠道的平均月活跃用户达到 1.92 亿。[②]

---

① 起点中文网创建于 2002 年 5 月，是目前中国领先的原创文学门户网站，隶属于中国最大的正版数字阅读与文学 IP 培育平台——阅文集团旗下。

② 引自阅文集团招股书。http://www.hkexnews.hk/app/SEHK/2017/2017063005/Documents/SEHK201707030048_c.pdf

阅文集团官网页面

随着移动互联进程深化，阅文集团还积极推进产品全移动化，以QQ 阅读为主，发力移动阅读市场，打造出兼容 PC、手机、平板电脑、电纸书等阅读终端的“全渠道阅读平台”。这一系列创新举措，更加强了阅文集团网络文学产业的领军者位置。

面向未来，由于网络文学自身天然具备的完整价值观和世界观，拥有大量的原创 IP 储备，能够跨界衍生出更多泛娱乐化的内容。因而，面向内容的深度和长线开发，以及跨界合作成为趋势，会更有利于促进网络文学内容生态的良性发展。

3. 知识分享的新萌芽

互联网时代，科技让知识分享不再拘泥于课堂。互联网上，用户可以打破师资壁垒，及时间和地域的限制，可以获取更多在课堂难以汲取的独家知识或经验。

从目前来看，知识传播主要分为两大类：第一类为传统的“面授”——通过父母、学校、邻里等依附于口口相传的传播方式；第二类在传统的网校 / 网课之外，又涌现出依附于“知乎”“果壳”“得到”“分答”等新兴知识分享平台的传播方式。

在第一类传统模式下，知识的传播度往往有限，且来源也相对比较单一；而第二类传播方式，依托互联网尤其是移动互联网，可以集合社会不同领域的专家智慧，快速聚合海量的专业性知识，极大地提高用户的学习效率，满足用户快速了解特定领域的需求。可以说，互联网带来的是一种更高效、更广阔的知识积累方式。

例如“分答”就是移动互联网的产物，它是基于知识技能共享的付费语音问答。所有人都可以向回答者提问，回答者用60秒语音回答提问者的问题，而这个答案则可以被沉淀下来用于分享和交易。当回复者的语音被其他人“偷听”时，提问者与回答者都可以得到一定数额的分成。

知识分享新兴模式的崛起，降低了学习者知识获取的成本，提升更丰富和多元的知识储备，也给知识或技能盈余的人群提供了新的职业选择与价值实现方式。在互联网时代，只要有一技之长的个体，都可以成为知识技能分享的主体。尤其是在健康咨询、法律咨询、金融咨询、教育咨询等专业性较强的领域。在该模式下，个体所拥有的无形的知识和技能有机会转化成知识商品，直接进行市场化交易，达到了知识需求端、信息供给端以及互联网平台三方面共赢的局面。

知识分享的兴起，也在一定程度上印证着内容付费大趋势来临，供需两端明确、平台交易规则清晰，各种综合型平台和垂直型平台不断出现，知识分享领域在未来仍然大有可为。

三、个体娱乐价值最大化释放

移动互联网时代的娱乐具有“泛媒介”“去中心化”等特点，“超级巨星不再”正在成为事实。传统的造星模式正在面临挑战，普通人借助互联网的舞台成为明星在日常生活中悄然发生，越来越多的人得以在网上成为万众瞩目的主角，甚至一圆明星梦想。

在中国，“娱乐”的突出特色是与互联网平台深度结合，互联网承载着在线娱乐平台，为许许多多的平凡人提供展示自我的机会，他们从在线娱乐“内容接收者”同时身兼“内容提供者”，将个人价值发挥到最大化，“全民娱乐”现象在各领域均有表现，其中最为突出的是网络直播、短视频、网络音乐和网络动漫、网络游戏等领域。

腾讯在2011年提出了“泛娱乐”战略，即基于互联网与移动互联网的多领域共生，打造明星IP的粉丝经济。在这一新生态下，用户从传统的单方面被动接受，到参与文娱内容生成，有越来越多的普通用户的天分和潜力得到了挖掘和释放。这既催生了百万规模的创意者群体，也连接了更广泛、更多元、更即时互动的用户群。广阔多元的创作空间、丰富活跃的IP源头、形式多变的线上衍生，正在诸多领域得到集中体现——

1. 网络直播：大众创业的鲜活体现

网络直播是普通人实现创新、创业、就业的低门槛平台和强大赋能器。它为直播主播提供了发挥才艺的广阔平台，同时带来增收、创收的机会，还为感到迷茫的青年人提供了体现自身价值的机会。直播主播在与用户的沟通互动和才艺展示过程中感受到自己被需要、被认可，并在与用户的互动中不断完善自己。

网络直播也是当前文化娱乐消费的新形态。不仅对用户可以起到较强的展示自我、转换场景、缓解压力、振奋精神的作用。而且直播的低门槛为在某一方面学有专长、精于某项技能的民间高手提供了广阔的舞台，也在某种程度上推动全社会的知识生产、分享和传播。

花椒直播的“直播＋朗读”活动

未来随着更多力量加入，直播题材必将更加丰富多元。例如，花椒直播探索“直播＋朗读”，邀请数百位知名作家和数十位人气主播用朗读来带动起读书的良好氛围，就是一次有益的实践探索。

而且，网络直播能够体现更多社会公益价值。直播特有的真实感、代入感和强大感染力，为公益活动的传扬和创新提供了更加广阔的空间。例如，2017 年 2 月熊猫直播将“直播＋公益”聚焦在动物保护领域，与央视网 iPanda 熊猫频道达成战略合作，开启专属直播间 24 小时直播国宝大熊猫的生活，宣传以大熊猫为代表的“生物多样性保护”这一爱心公益事业。

直播国宝大熊猫的生活

再比如，2017 年 4 月直播平台“六间房”启动了“大篷车文化扶贫之旅”，网络主播、工作人员共计 100 多人组成的大篷车队，携带演出设备、捐助物资行程近万公里——一方面送去文艺演出，另一方面借主播的镜头来展现革命老区的新变化。

整体而言，作为一类新的现象级应用，网络直播顺应了经济社会发展大趋势，更好满足了人民群众精神文化消费的新需求，具有助推经济发展、促进大众就业、沟通民众、普及科学知识、传播历史文化、传扬公益等社会正向价值。从分享经济的角度看，直播平台的出现，也激活了社会上的闲置资源，促进了资源的优化分配。

2. 短视频：社交新表达

随着移动互联网的深入普及，信息传播方式朝着表现力越来越强、包含的信息量越来越丰富的方向发展。如今，仅凭单纯的文字、音频和图片已经难以满足人们想要表达自我的需求，视频以其更加生动立体的表现方式，成为大众欢迎的信息传播媒介，视频消费需求越来越旺盛。而同时，基于移动互联网基础设施趋于完善和成熟，视频制作门槛大大降低，在网络直播的实时视频互动之外，也涌现出了一批短视频产品，例如小咖秀、美拍、秒拍、快手等。

短视频为用户的创意和分享提供了一个更为便捷的传播渠道：通过上传日常生活的视频获得“点赞”和“转发”，使得用户突破了时间、空间的限制，大大增加了用户的参与感，解放了大众文化创造力，而且这种日常生活中的视频题材创作，更容易引起公众的共鸣，已经成为个人生活方式的新表达。

在短视频用户的眼里，每个人都是生活的演员，用户可以通过视频拍摄充分释放自己的表现欲和表演才能。此外，用户还可以对原创视频进行二度创作，之后还可以进一步分享和互动。在这个过程中，用户又可以获得极大的社交满足感。

3. 网络音乐：诗意的互动平台

互联网为传统音乐行业带来的变化主要在于改变了音乐的载体，使其拥有了互动交互的平台，进而使得音乐从一种较为稀缺的资源，变为可以通过互联网平台便捷获取到的资源：用户可以通过在线试听、在线下载等方式获取音乐资源。

互联网同时也为用户提供了身份转换的机会，用户除了充当消费者、通过多元化的渠道获取音乐，也可以自己成为创作者，通过互联网平台自由创造及发布音乐。通过网络音乐这一全新的模式，促进了对于传统、略显封闭的音乐制作和发行机制的升级，重构了网络音乐的创作、发行、传播等多个环节。

例如，互联网技术的发展，让音乐的创作门槛大幅度降低，现在的音乐可能用一台笔记本电脑加上一款专门的编辑软件就可以实现创作，并不必须要条件专业的录音棚和录音设备。

而且，网络音乐使得音乐的链条更加扁平化。歌手不需要像过去一样要做满十首歌曲才能发行 CD，取而代之的是，现在大家开始发行 EP① 或者单曲，可以使音乐的传播速度更快。同时，传统媒体在传播音乐的过程中会存在很多限制，但是网络音乐平台的出现使得歌曲能够更快地被音乐爱好者接收。网络音乐跨越了时间和空间的限制，涵盖了丰富的音乐流派和形式，大众可以根据自己的喜好进行筛选。无疑为音乐创作者和听众之间提供了一个互动交互平台，让其通过互联网

① EP：迷你专辑（extended play）的简称，俗称细碟，是一种介于单曲与专辑之间的音乐发行形式。通常意义上，单曲一般包含有 1 至 3 首曲，而迷你专辑通常包含了 5 至 8 首曲目。

平台进行直接和全面的交流，使音乐可以更加开放。

技术的普及更加强了原创的力量，伴随 QQ 音乐、网易云音乐、豆瓣音乐等网络音乐平台涌现，有更多原创的音乐人有机会出现在大众视野里。越来越多的独立音乐人，原本默默无闻，但对音乐有着自己的追求和梦想。而这些网络音乐平台，刚好为他们提供了发挥自己才华、实现自己梦想的舞台，不但能够把一些冷门歌曲“推火”，还可以让一些优秀的独立音乐人“一夜成名”。比如腾讯音乐推出的音乐人计划就是一个旨在寻找优秀原创音乐人的平台。

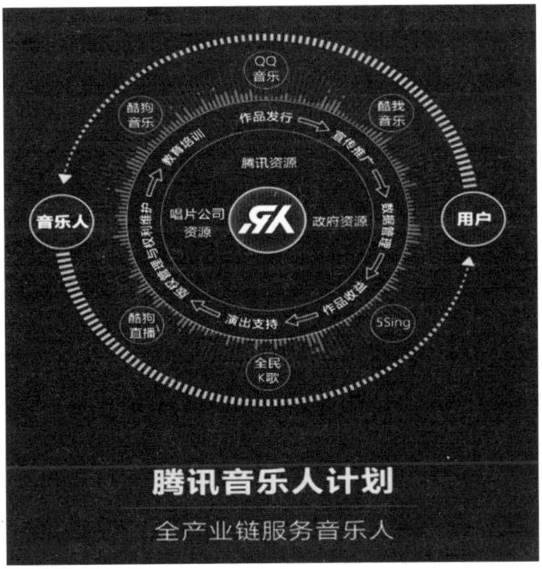

腾讯音乐人计划

得益于各大音乐平台的用户黏性，中国网络音乐用户规模持续增长，根据 CNNIC 数据，截止到 2017 年 6 月，网络音乐用户规模达到 5.24 亿，较 2016 年底增加 2101 万，占中国网民总体的 69.8%；其中手机网络音乐用户规模达到 4.89 亿，较 2016 年底增加 2138 万，占手机网民的 67.6%。[1]

① 引自 CNNIC 第 40 次《中国互联网络发展状况统计报告》。

凭借拥有的庞大用户规模，网络音乐平台向票务、演唱会互动、直播和音乐电影等领域积极延伸。在网络音乐平台上，音乐作品本身的价值以及歌手的价值将得到充分挖掘，粉丝俱乐部和周边衍生品成为网络音乐的加速器，各大音乐平台围绕“音乐—音乐影视—线上线下演唱会”来拓展音乐内容，打造多模式、立体化的网络音乐粉丝经济。

在这种发展趋势的带动下，中国音乐用户的娱乐习惯也在发生着变化。以往三五成群去 KTV 唱歌、聚会的娱乐方式，正在面临一些新的变化。现在，用户只需要电脑 / 手机、麦克风、耳麦等，并在在线 KTV 网站 /APP 上注册为会员，就可以足不出户实现在线 K 歌体验。另外，在线 K 歌的方式还可以实现视频及直播功能，用户可以录制自己的演唱视频然后分享给好友。常见的应用包括全民 K 歌，唱吧等。

除了在线 K 歌之外，互联网和移动互联网也使得中国用户对音乐的消费在线下场景发生了一些改变。曾经的多人聚会模式更适用于量贩式 KTV 里的大型包厢和中型包厢，而随着移动互联网时代用户碎片

放置在公共场所的迷你 KTV

化娱乐的消费需求不断增长，近年来在中国各大城市的商场、超市、写字楼里，出现了“迷你 KTV”这一新兴的 K 歌娱乐场所。

需求即时化、场所小微化，以及通过手机社交应用传播，是迷你 KTV 这种创新型娱乐项目的几大特点，这一形态突破了用户 K 歌的时间、地点限制，制造了一个打通线上线下“轻娱乐”的契机。

4. 网络动漫：原创动漫的蓝海机遇

随着国内内容产业近几年来的飞速发展，国家也越来越重视网络动漫产业的内容输出，网络动漫产业发展迅速，预计 2017 年国产动画用户规模将达 1.4 亿[①]，也带动了衍生品等系列产业的崛起。

在中国原创动漫作品中，《画江湖》《镇魂街》《秦时明月》等在成年受众中认知度较高，而《猪猪侠》《超级飞侠》《熊出没》《跳跳鱼世界》等少儿动漫成为线上高热度的国产动漫作品，深受儿童们的喜爱。

腾讯动漫是国内主要的互联网动漫原创平台之一，拥有超过 2 万部原创国漫作品和 600 位签约作者，着力于国产漫画的发展。如今，腾讯动漫已经打造了如《一人之下》《王牌御史》《妖怪名单》《中国惊奇先生》和《狐妖小红娘》等多个原创国产精品漫画 IP。

源远流长的中华文明底蕴是国漫创作中最宝贵的资源和财富，越来越多的国漫开始以中国风格、中国元素打造饱含文化底蕴和积极向上精神的内容，涌现出了众多优质的国漫作品。例如动漫作品《观海策》以《山海经》为灵感打造，旨在以工匠精神雕琢内容制作，用收获良好口碑的国漫作品传承中华文化，令许多人对国漫低龄、幼稚的刻板印象发生了改变，使得国漫收获了大批漫迷的支持。

而借助于迅捷的网络传播以及年轻核心用户的成长，网络动漫逐

---

① 引自艾瑞《2017 中国动画行业报告》。

《观海策》海报

步从小众文化走向大众视野，在核心群体的带动下，网络动漫的爱好者与日俱增，动漫的影响力日益增大。在网络动漫行业，一个突出的特点就是以弹幕网站作为观影交流的文化阵地，弹幕网站由于动画更新的及时性、沟通的开放性和互动的实时性，有效地结合社交互动和视频观看，受到了大量用户群体的欢迎。

未来，网络动漫通过动漫玩具、动漫服装、动漫出版物等多种形式的衍生品授权、动漫 IP 游戏化改编等形式，最大程度的发挥动漫 IP 价值，也将创造出广阔的蓝海机遇。

5. 网络游戏：绽放“第九艺术”的时代魅力

游戏是人类的天性，是一种非常古老且普遍的社会生活现象，和音乐、文学、绘画等领域，并称为“第九艺术”，是一种追求精神愉悦的社会行为活动。不管是在农业社会、工业社会，还是在今天的信息社会，游戏的形式一直在发生变化。

游戏的形式与生产力的发展、社会的发展息息相关，不同时代的游戏具有相应时代的特色，是特定历史时期的产物。中国古代先民很早就以斗虫、斗草[①]、踢毽子、猜谜语等游戏形式进行娱乐，这些古代

---

① 斗草，即采集各种花草，比赛花草的数量、韧度或珍奇性；或以对仗的形式对联花草名。

游戏多为群体性参与，涉及的道具、物品往往取自大自然或日常生活，具有鲜明的农业社会特点。

传统儿童游戏——踢毽子、摸瞎胡、斗蟋蟀（由左至右）

传统游戏一般是基于真实社交关系的面对面互动，规则和目标相对简单，道具和器物多取自古代日常生活，带有较强的社交属性和休闲娱乐性；而电子游戏带来的是深度的人机互动，同时还有通过游戏机连接起来的海量“陌生人”；并且，电子游戏的规则和内容也更加复杂、更加明确，这些都是带有鲜明工业文明色彩的时代特征。时至今日，中国游戏行业已经以千亿规模正式成为中国文化娱乐版图的重要板块之一，其中中国游戏行业大致经历了以下几个发展阶段——

1）1980—1990 电子游戏初入中国，街机游戏厅率先发力

80 年代，随着电子游戏在全球市场获得的成功，“红白机”等F C主机与游戏街机顺势进入中国拓展市场。而由于F C主机需要连接电视才能使用，且初期的正版卡带价格不菲，此类游戏机多被使用于少年宫及公用收费游戏机厅。随着用户对电子游戏接受度逐步提升，街机也迅速地在全国各省市铺开。

在这一阶段，无论是F C游戏机还是游戏街机所担任的角色主要还是以线下互动娱乐设备为主。因为当时的中国家庭中很少会愿意花费大量钱财在家中添置一台游戏设备，因此在这一时期电子游戏机仍然只是玩家一起在线下娱乐、社交的一种工具，从本质上来说与打桌球、玩棋牌等娱乐方式没有太大区别。

2）90 年代初，“小霸王”游戏机打破价格与物流壁垒，游戏主机进入千家万户

由于电脑尚未在中国普及，游戏形式新颖且性价比较高的“小霸王”游戏机成了家庭娱乐的时尚选择，“小霸王”的流行对当时的游戏用户起到很好的教育和普及的效果，也为后来电脑游戏在中国的发展做了重要铺垫。

3）90 年代末，国产单机游戏抢得一分天下

1995 年后国内第一批电脑主机开始入市，中小学也逐渐开设了电脑课程，电脑概念开始在国内普及。内容上，除了《仙剑奇侠传》外这一时期还先后出现了《轩辕剑》《金庸群侠传》《风云》及《大富翁》等几十款成功的单机游戏大作。

在这一时间段，虽然市面上的游戏类型与游戏平台开始增多，但受限于互联网在国内较低的普及率，游戏市场仍是“单机为王”的状态。

4）2000—2007 中国游戏市场正式进入网络时代

2000 年左右随着互联网在中国得到普及，能够支持多人联机的网络游戏开始进入玩家的视野。

一款款经典的网络游戏如雨后春笋般在中国的多个角落生根发芽，而 2005 年 4 月登陆中国大陆的《魔兽世界》更是成为迄今为止在中国运营最为成功的网络游戏之一。

依靠互联网极具穿透力的传播性，网络游戏在中国的市场规模增长速度远远超过单机类游戏：据艾瑞咨询统计，截至 2007 年底中国的网络游戏市场规模达到 128 亿[①] 人民币，相较 2003 年同期数据[②] 就成长

---

① 引自艾瑞咨询《2007—2008 中国网络游戏发展报告》。

② 2003 年网络游戏市场规模数据出自中国游戏工作委员会发布的《2003 年度中国游戏产业报告》http://games.sina.com.cn/zt/cgpa2003report/

了将近十倍。

网络游戏的引入让电子游戏不再拘泥于独自体验剧情、享受不同玩法，玩家可以通过游戏进行网络社交以及网游竞技。在网游中玩家打游戏技术的好坏与他获得的成就感，通过网络的分享变成了可以与好友一起分享的快乐和彼此交流的话题。

5）2008—2012 页游、手游成为市场新增长点

网页游戏简称页游，是无须下载客户端、在网页中就能玩的电子游戏类型。中国的网页游戏其实在 2000 年初就存在，但直到 2008 年左右才迎来爆发式增长。

由于网页游戏无须安装客户端，打开浏览器即可游戏，非常适合上班族的游戏习惯，再加上大量的渠道推广与精心的内容设计，以《七雄争霸》为代表的一批 SLG 游戏及《神仙道》为代表的 RPG 游戏先后在国内页游领域获得了成功。

手机游戏方面，随着手机性能的不断加强，手机游戏市场也在这一阶段开始萌芽。凭借手机轻便、灵巧且普及率极高的特性，以《愤怒的小鸟》《捕鱼达人》为首的新一代智能手机游戏开始进入市场，其新颖的题材、独特的玩法吸引了一大批用户的关注。但由于 2010 年左右智能手机以及移动 4G 在中国的普及率仍不高，移动联网类游戏在这一时段尚不流行，手机游戏整体市场规模也相对较弱。

6）2013 年至今，手机游戏及移动电竞呈爆发式增长，手游市场份额反超 PC 市场

2013 年初，一款从《魔兽世界》IP 中衍生出的手游《我叫 MT》获得中国游戏用户欢迎，它与《大掌门》《三国来了》等几款标杆产品引领着移动联网类游戏在中国游戏市场的快速发展。2013 年后，由于 4G 网络与公共 WIFI 开始在中国逐步建设，网络覆盖情况与稳定性尚有提高空间，市面上的移动网络游戏多以卡牌类与异步交互[①]类产品为主，以保障用户在弱联网状态下的游戏体验。

随着国内移动网络与WIFI环境的逐步提升，以及用户在手机端玩游戏习惯的培养成型，电子竞技在2015年前后开始逐步迈入移动端。《穿越火线》《球球大作战》《部落冲突：皇室战争》以及《王者荣耀》等竞技类手游产品先后在中国引发关注热潮。

电子竞技作为互联网+竞技体育的新兴产业，正在蓬勃发展。2016年，中国电子竞技产业以200多亿人民币的产值和1.7亿人的用户规模[②]，成为国内游戏产业链的重要组成部分，并呈现出全民化、体育化、移动化的发展态势。

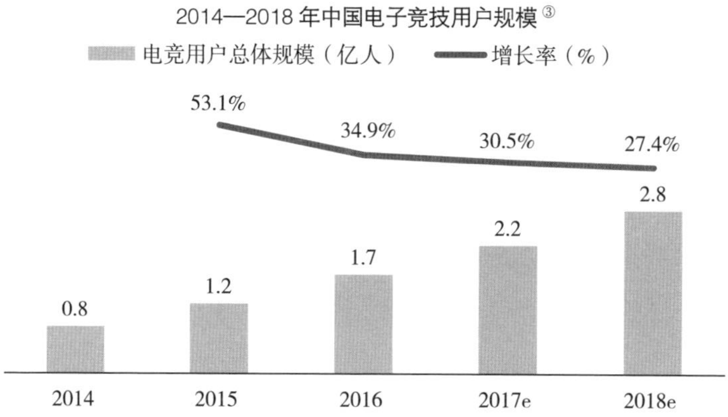

全民化：根据调研数据来看，大约9%的用户参与过电竞赛事，看过电竞赛事或者打算看电竞赛事的用户比例接近60%，结合7.24亿手机网民规模[④]来看，电竞赛事具有约4.3亿左右的用户基础，电竞赛事的全民化渗透具有可观的想象空间。

---

①异步交互，指玩家间“非即时”或“无定向”的讯息交换模式。

②引自艾瑞《2016年中国电竞内容生态报告》。

③来源：艾瑞《2016年中国电竞内容生态报告》。

④引自CNNIC第40次《中国互联网络发展状况统计报告》。

电竞赛事用户参与度调查[1]

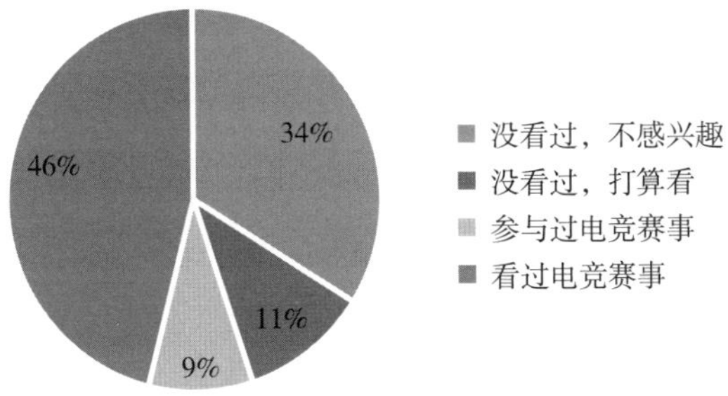

体育化： 主要得力于政策的支持——2003 年，中国国家体育总局将电子竞技运动列为中国正式开展的第 99 个体育项目；2012 年，电竞被提名为 2020 年奥运会比赛项目；2016 年，李克强总理主持召开国务院常务会议，其中提到加快发展电子竞技与其他相关体育健身行业休闲产业。

同时，这种游戏产业的体育化也已经具备非常坚实的用户基础。调研数据显示，接近 80% 的用户对电竞作为一项新兴体育赛事表示认可。

接近 80% 的用户对电竞作为一项新兴体育赛事表示认可[2]

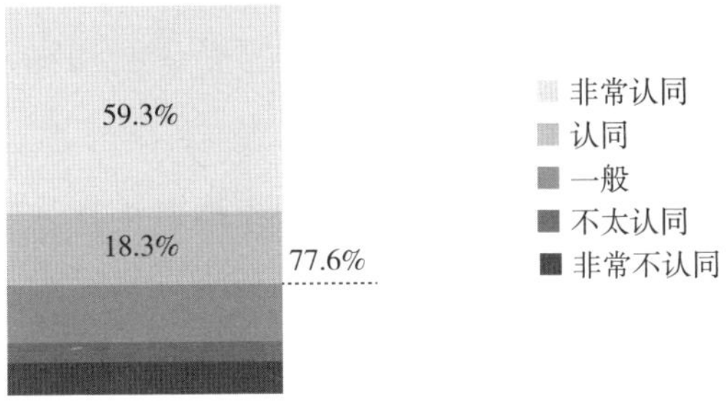

移动化： 2016 年，移动游戏市场占比历史性地超过客户端市场，达到 50%，成为占比最大的细分市场，电竞领域也随之呈现出移动化的趋势，预计 2017 年电竞市场的用户规模将达到 2.2 亿人次，电竞游

① 来源：腾讯电竞、企鹅智酷《2017 中国电竞发展报告》。
② 来源：腾讯电竞、企鹅智酷《2017 中国电竞发展报告》。

戏直播用户规模将达到 1.5 亿人次。①

中国细分游戏市场占比②

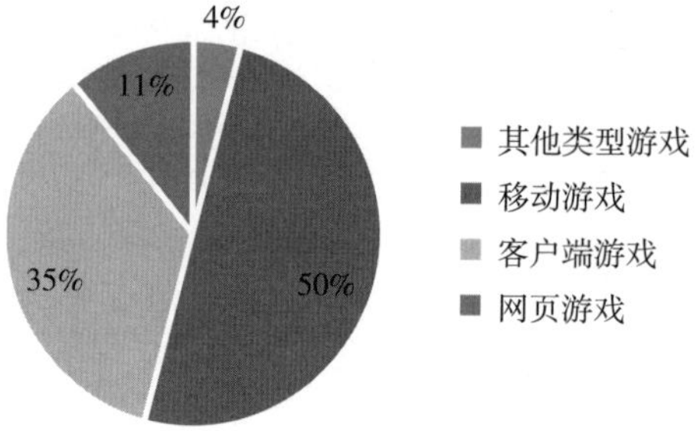

移动电竞游戏市场实际销售收入③

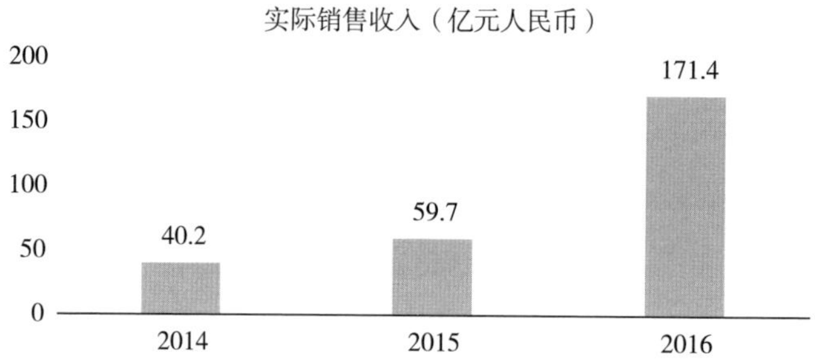

一个不容忽视的事实是，电竞赛事的受众面和辐射范围正在赶超传统体育赛事，行业内顶级电竞赛事的观赛人次都是上亿规模；当然，我们同时也要清醒地认识到，和传统体育赛事相比，电子竞技还是一个非常年轻的产业。

电子竞技依托于不同的游戏产品，和足球、篮球不一样，目前电子竞技还不具备适用于跨游戏产品的、高度抽象、全球通用的比赛规则；电竞赛事在延续性和扩展性方面，与传统体育赛事相比还有一定差距。

---

① 引自艾瑞《2016 年中国电竞内容生态报告》。

② 来源：中国音数协游戏工委《2016 中国游戏产业报告》。

③ 来源：中国音数协游戏工委《2016 中国电竞产业报告》、《2015 年中国移动电子竞技游戏发展趋势报告》。

未来，电竞甚至有潜力成为不同国家、不同文化间的一种交往方式，如何让电竞也能像排球、乒乓球一样走出国门，成为文化符号，是需要行业一起探索的课题，也有赖于电子竞技社会影响力的进一步提升。

大致来说，要提升电子竞技的社会影响力、扩大用户基础，有以下几个发展方向：

IP 化释放“泛娱乐”价值，技术创新提升观赛体验

电竞赛事商业生态从核心版权营销到外延 IP 开发，各个环节的“金矿”都很值得挖掘，电竞赛事“泛娱乐”的商业价值在未来将得到长尾释放。

另一方面，技术的创新也会提高观众的观赛体验。2016 年在首届 KPL 职业联赛中，AR 技术首次融入移动电竞赛事，此后英雄联盟和 DOTA2 也相继搭建了自己的 VR 观战系统，新技术给了观众全新的视觉体验和意想不到的震撼效果。

借助社交分享的“几何级”传播能力，提高市场认知度

目前，很多观赛者在获取赛事信息上仍然依靠主动搜索；社交渠道传播能力还未充分发挥，而电竞赛事传播天然具有分享属性，线上社交渠道可以成为赛事信息分发的重要入口，让用户有更多的机会参与到多人分享的赛事体验是未来电竞行业值得挖掘的方向。

落地线下终端，夯实电竞基础设施建设

从电竞游戏开发到赛事组织，再到电竞周边的繁荣，线下电竞综合体是打通电竞产业链的载体。以赛事服务为核心的电竞产业园在俱乐部、明星经纪业务的助力下，将迎来蓬勃发展。同时，电竞产业园也将反哺整个电竞发展生态，实现共生共赢。电竞产业园赋予电竞超越赛事的更多意义，推动电竞全民渗透加速前进。

四、中国文化的国际化发展

1. 科技让世界更了解中国文化

随着中国互联网和文化产业竞争力的增强，中国在网络文化产业的实践上出现了一系列新模式、新方法。中国网络文化产业更广泛、更深入参与国际合作已成为未来可预见的趋势之一。习近平总书记在中国共产党第十九次全国代表大会上所做的报告指出："推进国际传播能力建设，讲好中国故事，展现真实、立体、全面的中国，提高国家文化软实力"。当前在网络游戏、网络文学、网络动漫、网络视频、直播等各个领域，正在掀起一股中国网络文化产业国际化发展的浪潮。

（1）网络游戏

网络游戏正在成为促进交流互鉴的主力军，是中国同世界各国人民进行文化交流的重要载体。近几年中国游戏国际化力度加大，一批国产游戏在海外的销售额增长迅速。中国自研网络游戏海外市场实际销售收入在2013年开始出现爆发式增长，并由此开启了年均10亿美元以上的增长时代。2016年中国自主研发的网络游戏销售额取得重大成就，在海外市场的销售规模已达72.3亿美元，实现同比增长约36.2%。[①] 从企业方面来看，国内游戏巨头纷纷布局海外市场，初创企业也可以通过打造"爆款"取得亮眼的成绩。

在游戏国际化方面，腾讯在资本和产品领域采取"齐头并进"的方式——

资本层面，对全球知名游戏厂商Riot Games[②]、Supercell[③]、Paradox

① 引自中国音数协游戏工委《2016年中国游戏产业报告》。

② 美国网游开发商，成立于2006年，代表作品《英雄联盟》。

③ 芬兰移动游戏巨头，拥有《部落冲突》《卡通农场》《海岛奇兵》和《皇室战争》等全球热门游戏。

Interactive①、Activision Blizzard②、Epic Games③ 等进行投资和战略合作；产品层面，比如在网络游戏《天涯明月刀》的设计过程中，设计人员专门考证了北宋时期的社会风俗和文化精华，通过网络游戏还原了北宋时期开封、杭州等地的自然风光和人文风貌，东南亚用户为此对中国文化展开了热烈讨论。

中国自主研发游戏海外市场实际销售收入④

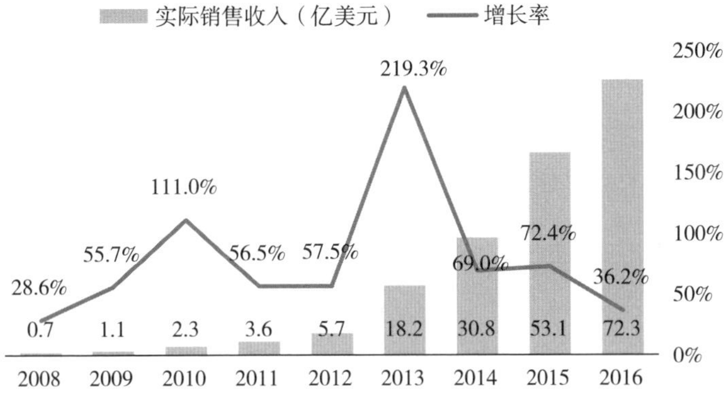

再比如，腾讯在海外市场推出的《Arena of Valor》以其公平性、高品质、低付费的特质有效降低了“文化折扣”（Cultural Discount）⑤，减少了文化背景差异带来的影响，得到了众多海外玩家的认同。玩家在游戏过程中也增进了对中国文化的了解——“熊猫”“孙悟空”“吕布”“貂蝉”“曹操”等游戏角色都成为玩家热衷搜索的对象。

在游戏产品国际化上腾讯坚持保留 100% 的中华文化内容，尊重中华文化的历史事实和传统典籍的记载；同时，在语言翻译和产品本土化方面，也慎之又慎，希望将纯正的、原汁原味的中国文化展现给海外，

① Paradox Interactive 是一家瑞典电子游戏开发及发行公司，简称 P 社，公司设于斯德哥尔摩，因历史策略类游戏而著名。

② 即动视暴雪（纳斯达克：ATVI），美国游戏开发商、出版发行商和经销商。

③ EPIC Games，美国著名的游戏制作团队。

④ 来源：中国音数协游戏工委《2016 年中国游戏产业报告》。

⑤ 指因文化背景差异，国际市场上的文化产品不被其他地区受众认同或理解而导致其价值降低的现象。

让世界认识、接受中国文化，探索出一条更好的文化交流之路。

中国游戏产业中的其他企业也在国际化发展方面做出了积极的努力与尝试。比如，在海外运营方面涉足较早的完美世界游戏，就是在中国网络游戏国际化发展方面走在前列的企业之一，目前其用户群体已覆盖全球 100 多个国家和地区，并在全球建立了自己的运营平台[①]。

阿里于 2017 年 3 月启动了游戏国际化战略，并联手 Mail.Ru、龙腾中东、TFJoy、Efun，帮助国内游戏走向国际化。目前，阿里游戏已经在海外市场推出独立游戏《偃月之日》[②]。

展望未来走势，我们有更多的观察和思考。

首先，国家战略为游戏国际化提供了指引、创造了更好的机遇，而游戏国际化也是对“一带一路”等倡议促进文化交流互鉴的积极响应。在中国手游进入畅销榜 TOP100 次数最多的国家地区中，大多数是“一带一路”国家[③]。中国游戏企业沿着“一带一路”的路径，在东南亚、中亚、北非、东欧等国家，成熟的游戏产品和运营方式得到当地用户的喜爱和认可。

其次，游戏国际化需要因地制宜、因时制宜采取不同方式，最大程度尊重和适应各国用户的需求和习惯。当前欧美成熟 IP 具有全球影响力，比如《星球大战》《哈利波特》《权利的游戏》等，这是大的背景。想要适应这种形势，一种模式是针对海外玩家的接受习惯，参照世界神话和 IP 形象，对游戏角色进行再设计，如引入蝙蝠侠、超人等，实现当地（全球）元素、中国表达；另一方面，需要进一步发掘中华本土 IP，打造“创意—研发—产品—出口”完整的产业链条，将中华文化中的优秀元素分享给全球用户，实现情感上的深度交互、理解。

---

① http://www.chinanews.com/ga/2017/07-04/8269056.shtml

② http://news.eastday.com/eastday/13news/auto/news/china/20170317/u7ai6605365.html，http://www.aligames.com/about-us/games.html/

③ 来源：腾讯研究院《中国游戏出海全景观察白皮书》。

新时期具有新的特点，对于科技企业的文化实践也是全新的挑战，需要企业处理好产品、文化的关系，处理好全球化与本地化的关系——尊重海外用户是最根本的原则，也是促进中华文化与各国文化交流互鉴的基础。

无论是什么方式，用户的认可都是最核心的要素。比如，当前《Arena of Valor》在推广过程中面临着海外游戏同行的竞争，通过在一些国家（地区）的版本中植入当地英雄形象，加深对当地用户心理、习惯、行为的了解，以实现更好地融入——借由“入乡随俗”逐渐树立品牌，并取得进一步的发展，这一做法得到海外用户的认可与市场的承认。

第三，游戏国际化需要以国内发展为坚实基础，进一步优化环境是关键。对游戏的偏见认识需要全社会共同努力，游戏具有互动性、参与性、沉浸感等方面的强大优势，为文化表达、文化呈现提供了更多想象空间，因此得到越来越多用户的喜爱。

游戏将凭借自身优势，和更早出现的文学、影视等艺术形式一样，成为文化领域的重要成员。而游戏产业所需的策划架构、技术开发、运营管理人才，需要教育界进一步加强培养输出。虚拟现实、增强现实等新的媒介技术对游戏发展有重要的推动作用，LBS 与游戏的结合在国外也加速兴起、潜力巨大，需要在技术创新等诸多方面加强，实现国内外同步接轨。

目前中国国内的部分游戏展会国际化程度还有待提升，可以邀请更多国外游戏企业来华参展，同时支持中国游戏企业更多、更好地参加国外几大游戏盛会，扩大交流合作。

（2）网络文学

近年来中国网络文学国际化势头强劲，甚至被誉为可以与“韩剧”“好莱坞大片”“日本动漫”相比肩的文化现象。以网络文学的领军企业阅文集团为例，从2005年左右开始，阅文集团旗下作品即开启国际化之路。截至目前，阅文集团已向日韩地区、泰国、越南等东南亚多国，以及美国、英国、法国等欧美多地授权数字出版和实体图书出版，授权作品达一百余部。

从近几年中国网络文学国际化的趋势中可以总结出，优秀的文化基因和文化产业的积累是最坚实的底层基础。在互联网时代，全球互联互通、“科技+文化”成为国际化新趋势。不同于传统的出国演出交流、文化巡回展览等方式，网络文学以互联网为平台，以广泛创作、快速更新为特点——既具有题材本身的文化内涵，也适应当代的时代消费口味，再加之技术、平台的充分赋能传播，对外文化传播的效果、效率都具有天然优势。中国网络文学国际化带来的深刻影响，有效地传播了中华文化，让世界感知到中国。

与之相呼应的有趣现象是，因为有众多外国读者喜爱中国网络文学的“仙侠”“玄幻”“言情”等特色类型的作品，已经有很多国外网站开始自发翻译中国网络文学作品。例如，2015年1月在美国成立的“元老级”英文翻译站点Gravity Tales，曾上线过《全职高手》《择天记》等热门作品，广受海外读者欢迎。

在海外流行的网络文学作品中，玄幻和仙侠小说具有东方神秘感，容易得到海外用户青睐。随着越来越多国内网络文学企业加强国际化发展，随之而来的海外版权授权、保护等问题也需要引起更多重视。

（3）网络动漫

目前来看，动漫的国际化还比较初步，文化差异是客观因素，而缺乏海外平台和渠道则是重要的阻碍。对于文化差异，需要在题材、主题和叙事风格等方面不断研究、贴合海外需求。

而对于海外平台和渠道，这也是目前国内相对弱势的领域。可以通过参加国际动漫展会与国外动漫厂商建立合作关系，采用联合制作的方式共同打造国际品牌，在国家大力扶持文化产业的背景下“练好内功”，勇敢走向海外。

腾讯是目前国内为数不多的与日本顶级动漫机构合作的互联网企业。2015 年，通过建立版权委员会的方式，加大对中国优质动漫作品的包装、推广。2016 年，腾讯动漫和日本当地知名动漫机构 Studio DEEN 联合制作的《从前有座灵剑山》在中日两国同时播放。《从前有座灵剑山》是一部充满中华文化特色的作品，在国内上映当月，就拿下新版动画排名第一的斐然成绩，实现点击量过亿，并在日本东京都会电视台播放。

同时，腾讯动漫加强对日本优质动漫的引入，在资金上每年投入上亿元。角川集团、小学馆、集英社等领域内主要出版集团都成为腾讯动漫的合作伙伴。《宇宙警探 élDLIVE》是由腾讯动漫、集英社、Studio Pierrot 及读卖电视台共同打造的动画番剧[①]，是一部太空冒险题材的作品。这部作品也是腾讯动漫成立来首次加入日本动画制作委员会参与制作的动漫，其作者为日本知名漫画家天野明。他在其代表作《家庭教师》后沉淀了 3 年之久，推出了《宇宙警探 élDLIVE》漫画版，将自己的漫画事业推上了又一高峰。之后集英社将《宇宙警探 élDLIVE》动画化，同时邀请腾讯深度参与其制作。在如此强大的团队倾力制作下，《宇宙警探 élDLIVE》给大众呈现了一场精彩的 2017 年动漫界开年大戏。

当然，除腾讯外，也有很多垂直领域的专业企业有所突破。例如，2016 年 11 月，美国迪士尼幼儿频道播出了由优扬传媒原创制作的动漫

① 番剧，指日本连载动画剧。

《豆小鸭》，受到美国儿童观众的欢迎；2015 年，原创漫画网站“有妖气”被奥飞动漫收购之后，旗下动漫作品《雏蜂》借助奥飞的影响力成功打入竞争激烈的日本动漫市场。而奥飞与国外合作的《超级飞侠》也在美国播放，实现中国动漫 IP 在美国网络播出的典范。

从内容上看，近年来国产动漫加大 IP 题材的挖掘，越来越多的优秀原创动漫被开发，也带动了国产动漫海外发展的题材突破，正在逐渐摆脱“低幼化”的既定印象，输出类目覆盖名著、改编的经典故事、冒险、科幻等，在此趋势下，一批携带中华文化元素及中国特色的动漫成功走向海外市场。

《大圣归来》是具有代表性和影响力的国产动漫，在国内上映 62 天实现票房收入 9.56 亿元的成绩，成为内地电影历史上最卖座的动画电影；在国际化方面，《大圣归来》已经销售到全球六十多个国家和地区，海外票房营收超过 400 万美元，实现了国产动漫国际化表达。

《大圣归来》海报

（4）网络影视

国内影视文化企业正在越来越多地与好莱坞迪士尼、福克斯、华纳、派拉蒙、环球、索尼影视六大公司开展合作。例如，完美世界参投了美国环球影业。腾讯也在加大影视业务的布局，继与好莱坞合作《魔兽》之后，腾讯影业与传奇影业联合投资出品《金刚：骷髅岛》，并利用渠道优势深度参与国内宣传发行。腾讯与美国 Free Association 公司合作开发的《我叫白小飞》邀请《功之怒》的导演 David F. Sandberg 以及知名编剧 Matt Lieberman 来共同创作。

在电视剧方面，得益于国家政策的推动和中国本土原创影视创作的氛围日益浓厚，国产剧全球化风潮正浓。2015–2016 年国产剧全球化部分经典剧目包括《琅琊榜》《花千骨》《微微一笑很倾城》《欢乐颂》等十余部作品。[①] 电视剧类型不断拓展，覆盖范围包括古装剧、玄幻剧、时装剧等，题材类型更加完善，在数量和质量上也都有大幅提高。

虽然当前，影视企业国际化发展取得了阶段性进展。同时也必须看到，和网络游戏、网络文学等细分领域对比，面对海外巨大的市场空间，影视国际化还任重道远。

（5）网络直播

直播企业国际化已经成为一种潮流。目前已有近 50 家国内互联网直播企业在海外开展直播业务，覆盖欧洲、非洲、亚洲、美洲和大洋洲的 45 个国家和地区。

据腾讯研究院分析，在这些直播平台所分布海外国家和地区中，隶属于“一带一路”国家达到 69.82%，已经超过欧美国家（非“一带一路”）的 22.52%，成为直播平台国际化发展的热点区域。其中，以印尼、马来西亚、沙特和泰国为热点国家。

而且，国际化探索的明星直播平台已经涌现——BIGO LIVE、Kitty Live、Live.me 等直播平台都受到海外用户的欢迎。这些主打国际化的

① 引自《中国电视剧（2016）产业调查报告》。

直播平台以秀场类平台居多，还有少量布局在体育直播和游戏直播领域。这与国内直播行业起步期时秀场为主的布局一致。虽然时间上与国内直播热潮在 2016 年同步爆发，但国际化直播平台类型的多元化程度远低于国内当前水平。

不仅是平台的国际化，更重要的还是文化的交流与互动。年轻一代是直播用户的主力军，国际化直播平台集中的中东地区，50% 以上用户是 18—25 岁的年轻人。直播平台 7Nujoom，在海外策划过许多中阿文化交流活动，例如埃及主播来中国与“孙悟空”直播、黎巴嫩友人长城游直播、沙特主播学写毛笔字直播等，形象直观地向海外年轻用户呈现了中国文化的魅力。

同时，先进的平台管理技术展现中国企业平台运营实力。国内直播平台拥有海量用户基础，在数据处理、人工智能方面具有先天优势，如 17 直播设计开发了 SKYEYE 监管系统，利用人工智能对直播内容进行自动识别，类似还有 Live.me 的人工智能后台对直播过程中的黑屏、卡顿、色情表演可以实现高效识别。

正是由于直播业务具有对于用户黏性、游戏和短视频等内容拓展的带动作用，而“一带一路”沿线区域从人口构成、经济发展水平、网络普及程度等方面看，都有望成为直播红利聚集地，已经成为国内外互联网企业非常重视的市场。目前，腾讯、阿里巴巴、百度、搜狐等，已纷纷布局“一带一路”上的直播平台。

2. 网络文化向国际化深度发展

(1) 网络文化的推动力量

推动文化交流互鉴需要培养更多的高水准翻译人才。翻译是网络文化国际传播不可或缺的环节，不论是专业翻译人员还是业余翻译爱好者，都可以通过互联网平台寻找机会、贡献成果、发挥作用，这为网络文化国际化提供了智力储备。一批优秀的翻译人才可以近乎完美的诠释中国文学作品的精妙，对于传播博大精深的中华文化至关重要。而且，近年来国内还出现了一些用户自发的翻译网站及翻译小组，这对于有效提升中国网络文学翻译作品的数量和质量也具有十分重要的意义。

复合型翻译人才是最稀缺的，其作用也很难替代。被业内津津乐道的案例之一——刘慈欣①科幻巨著《三体》因得益于刘宇昆②的高水准翻译，其中中国情境用语、很多专业用词都转换得恰到好处，为海外读者准确、精到地理解小说提供了至关重要的支持，该小说也因此获得了世界科幻协会③2015年度“雨果奖”④最佳长篇小说奖。

短期内，中国国内优秀翻译人才相对缺乏的状况尚难以得到根本改善。如果从长远眼光来分析翻译人才对中国网络文化的重要性的话，仍然需要培养更多“文化产业＋翻译”的复合型人才，产出更多官方渠道的翻译作品。

（2）政策推动

随着网络文化的国际化发展逐渐成为常态，海外维权的重要性日益凸显，需要在国内和海外协同形成机制联动保障。

政策的力量可以有效推进行业的发展。1998年文化作为一个“市场”的地位被正式承认；1992年文化部正式提出“文化产业”的概念；2011年，“泛娱乐”首次提出并以惊人的速度发展，并于2014年被中

---

① 刘慈欣（1963年—），高级工程师，中国科幻小说代表作家之一。

② 刘宇昆（Ken Liu，1976年—），美籍华裔科幻作家。2015年，由刘宇昆翻译的科幻作家刘慈欣的小说《三体》，获得世界科幻协会2015年度雨果奖“最佳长篇小说”奖。

③ 世界科幻协会，即World Science Fiction Society，简称WSFS。

④ 雨果奖，是世界科幻协会（World Science Fiction Society，简称WSFS）所颁发的奖项，自1953年起每年在世界科幻大会（World SF Convention）上颁发，正式名称为“科幻成就奖”（The Science Fiction Achievement Award），为了纪念“科幻杂志之父”雨果·根斯巴克（Hugo Gernsback），故命名为雨果奖。

国相关部门收录到行业报告中重点提及。至此，“泛娱乐”与互联网紧密结合，并且充满了中国的特色，这也是最吸引广大海外用户的部分。

政策因素是推动文化繁荣的外部力量，在政策助力下网络文化产业需要加大创新力度，满足新时代下文化与互联网的深入结合，从而助力中国文化产业的升级和发展——对内，满足国民对于文化及出版的旺盛需求，生产“更好更多”的精神文化产品；对外，以更便捷更高效的科技手段传播富有中华文化魅力的优秀作品，给广大海外用户提供更好的文化娱乐体验。

网络文化国际传播已经成为中国文化的价值体现，国内具有实力的企业在深耕国内市场的基础上也在主动布局国外市场。以网络文化为代表的交流互鉴可以促进中国与各国之间的了解、理解、认同，更加有利于展现当代中国真实、生动的形象。

第四章

场景创新与迭代，构筑中国数字普惠金融新路径

“早上出门，在楼下包子店用微信支付买了份豆浆油条。时间还很充足，索性扫码骑上一辆摩拜单车去公司。中午，在微信钱包里的美团点了一份外卖。加班到深夜，用微信叫了一辆出租车回家……”这是如今上班族们较普遍的生活状态，也是在中国随处可见的一种生活方式。但我们习以为常的生活，却已经成为世界人们眼中的“潮流”。

不管是商超百货、餐饮门店、还是街边小摊的各种线上线下消费形态，都正在被移动支付所覆盖；在文化产业，内容的打赏和付费、在线购买电影票等正在通过移动支付变得容易并快速；除此之外，停车、出行、加油、旅游、医疗甚至公益等各类生活场景，在中国移动支付的发展助力下，都已经开始变得更智慧。

《2017智慧生活指数报告》显示，在用户日常消费习惯调查中，超70%的人表示，只能用现金支付时才会使用现金，100元现金可以使用超过一星期；84%的人表示“不带钱、只带手机出门”可以很“淡定”。

正如格奥尔格·齐美尔（Georg Simmel）在《货币哲学》中揭示货币本质上是社会交往行为的产物一样，微信作为社交工具，同时也是一个支付工具，这绝不是历史的偶然。自2014年春节推出，独具中国特色的微信红包，已经成了用户习惯和文化现象，加速微信支付迅速在全国普及。

在技术和场景的裹挟之下，移动支付下的智慧生活已日渐成为一种流行的生活方式和生活态度。2013年至2016年的4年间，以微信支付为代表的中国移动支付市场年复合增长率超过195%。

在央视《朝闻天下》的国家形象报告里，我们也可以看到，海外民众对中国由移动支付和共享经济引领的经济生活新模式表现出更大的认可。中国的移动支付，正为世界的生活方式树立新的标杆，让中国的智慧生活历史性地走在世界前列。

当然，移动支付的繁荣发展，只是当前国内互联网金融产业创新的亮点之一，也是金融科技与应用场景交融催生的新时代现象。

毋庸置疑的是，科技与金融的深度融合，在促进资源优化配置、提升普惠金融水平、降低风险集中度等方面发挥了积极作用。无论是金融科技，还是互联网金融，都是技术驱动的金融创新，与传统金融模式之间并不是纯粹的竞争关系，更多体现出的是“补强”关系，强调以技术创新为基础，使金融体系的运行更加高效、成本更低，从而形成更加良性的生态环境，也能够更好地服务于中国每个角落的普惠大众。

在新一轮席卷全球的金融科技创新浪潮之中，中国产业的核心竞争力不仅取决于核心技术的研发能力，更为重要的在于如何将新技术与金融场景有机结合，立足于满足市场的实际需求，提高金融服务供给的广度和深度。

必须指出的是，无论被谁所应用、如何应用，科技与金融业务的结合，都必须回归金融的原点和本质，服务于社会民生的改善，服务于实体经济的发展。同时，不断借助科技创新，提升金融风险管理的能力与水平，这既是金融科技的出发点，也是产业的核心价值所在。

一、移动支付的创新之路

支付是现代经济活动链条中不可或缺的一环。在传统经济体系中，支付承载着资金流转的基础性功能，更多地体现为经济交易的附属业务。随着现代信息技术的发展、电子商务的持续渗透、国家“互联网+”等各项政策的利好推动，互联网支付、移动支付等新兴支付方式迅速兴起，成为带动消费、便利民生的推动力量，在各类经济活动中的附加价值得以不断显现。此时的支付业务，已不仅仅是经济活动的附属品，而是通过提高交易效率和成功率，开始主动影响经济交易，支付创新的市场和商业价值逐步体现出来，甚至已成为一种全新的国民生活方式，支付在金融服务链条中的地位和作用也在发生变化。

1. 崛起中的第三方支付机构

支付业务本是商业银行的传统中间业务，但非银行机构提供零售支付业务也并非全新现象。早在20世纪50年代，美国就出现了非银行金融机构提供的信用卡服务，而邮局办理的汇兑业务更是拥有近二百年的历史沿革。

近年来，依托全球互联网和移动通信技术的长足发展和普及，经济活动步入远程化、数字化、虚拟化的新阶段，交易主体对支付服务的诉求开始发生变化，高效、便捷支付方式的需求显著提升。在这个背景下，全球支付产业发展呈现新的趋势，即非银行支付服务机构快速崛起，在支付产业链上下游的参与程度明显提高，市场份额显著扩大。

中国的非银行支付机构，又称为第三方支付机构，最早是作为在银行、用户（消费者和商户）之间提供资金划转服务的中介组织。中国首家现代意义上的第三方支付机构首信易支付，诞生于1999年，是最早提供跨银行、跨地域的银行卡在线交易服务的支付平台。

之后，随着电子商务的兴起，网络购物场景中C2C支付需求涌现。2003年，支付宝推出“担保交易模式”，有效解决了线上交易买卖双方的信任问题。2003年10月，支付宝发生第一笔交易，远在日本的某用户通过支付宝的交易担保机制在淘宝网上卖出了数码相机，成为支付宝的第一个客户。[①]14年后，2017年的“双十一”当天，全球消费者通过支付宝完成的支付总笔数达到14.8亿笔，支付峰值达到25.6万笔/秒，再次刷新纪录。[②]非银行支付机构的兴起，有力地助推了中国电商产业的蓬勃发展。

2011年，中国人民银行开始对第三方支付业务实行牌照管理制度，截至2017年10月，获得支付业务许可证的机构数量达到247家。[③]历经十余年发展历程，中国第三方支付交易笔数和市场规模均呈现爆发增长态势。人民银行数据显示，从2013年到2016年，第三方支付机构年处理业务量从371亿笔增加到1855亿笔，交易金额从18万亿元增加到120万亿元，年复合增长率分别达到71%和90%。[④]

在服务电商支付需求之外，中国第三方支付服务市场的广度和深度不断扩展，渗透至多元化的线上及线下交易场景，催生出多样化的创新增值服务。第三方支付服务变得无处不在、随时随地，渗透到生

① 引自《蚂蚁金服：从支付宝到新金融生态圈》，廉薇、边慧等著，中国人民大学出版社2017年版，p4—5。

② 引自《“双十一”狂欢下，电商和金融深度融合》，http://news.sina.com.cn/o/2017-11-12/doc-ifynsait7573465.shtml

③ 引自《〈支付业务许可证〉核发信息公告：已获许可机构（支付机构）》，http://www.pbc.gov.cn/zhengwugongkai/127924/128041/2951606/1923625/1923629/index.html

④ 引自《中国人民银行行长周小川等就“金融改革与发展”答记者问》，http://www.pbc.gov.cn/goutongjiaoliu/113456/113469/3269620/index.html

活的各个角落，成为消费者日常生活中不可或缺的交易工具，“支付改变生活”已不再是一句口号，创造了巨大的社会民生价值。

首先，第三方支付机构的出现，体现了中国支付产业分工专业化的趋势，并推动了支付产业链专业化程度的不断提高。在整个支付体系中，第三方支付从交易体量上仍是通道型、补充性业务，定位于小额、快捷、便民。但在相当大程度上满足了市场多样化的需求，在中国金融改革与创新浪潮中，贡献着积极的力量。银行与非银行支付机构除了前端的竞争之外，在某些领域，特别是后台业务领域更多体现了合作关系，例如在银行卡支付领域，第三方支付机构作为收单服务商，承担商户拓展、POS 终端布放和日常维护，降低了银行的运营和维护成本，使银行也成了直接的经济受益者。

其次，第三方支付促进了前端支付市场竞争，对零售支付体系的整体效率产生了深远影响。竞争的加剧带来了支付成本的降低，拓宽了支付工具和方式的选择范围。同时，第三方支付在多个领域对银行零售支付业务形成竞争，加速银行脱媒化，倒逼银行改进服务，在产品和模式上创新转型。可以说，第三方支付充分发挥了“鲶鱼效应”，从整体上激发了市场创新活力，促进了市场效率的提升。

最后，第三方支付业务大幅度促进了普惠金融水平提升。提高普惠金融水平已经成为许多国家金融领域的重要政策目标之一。世界银行统计数据显示，2011 年至 2014 年间，全球仍有 20 亿成年人没有银行账户。① 而无法从银行等正规金融机构获得支付服务的群体，可以从替代性支付服务机构，也就是我们说的第三方支付机构，获得支付工具，办理支付业务。第三方支付对于普惠金融建设的积极意义是许多发展中国家鼓励、支持非银行支付业务发展的重要原因。

① 引自《全球还有 20 亿成年人生活在没有银行账户的世界里》，http://www.jiemian.com/article/ 264301.html

2. 开创智慧生活新局面

支付工具是资金转移的载体，一般我们分为现金支付和非现金支付两大类。典型的非现金支付工具包括票据、银行卡、贷记转账、电子支付等。在电子支付工具分支中，互联网支付和移动电话支付是主流业务类型。

非现金支付工具比起使用现金具有资金运转效率高，安全便捷，有利于反洗钱等优势，也是世界各国推广的方向。目前，世界上非现金支付使用比例最高的地区是北欧等国家，而中国近年来非现金支付比例也大幅度提高，根据全球可比数据口径，2015 年，中国占世界非现金支付的比例达到了 22.12%，① 大有后来居上的趋势。

伴随着移动互联网的不断发展，智能手机等硬件设备的大规模普及，电子支付业务逐渐从 PC 端向移动设备端进行延伸。移动支付，特别是移动远程支付，作为在传统的互联网支付基础上演变与发展出来的新兴渠道，是互联网移动化趋势在支付行为和习惯中的典型表现。当前，中国直接跳过了“个人支票”阶段，迈入了移动支付时代。

在 PC 端到移动端的迁移过程中，用户对支付操作便捷化的需求达到了新的高度。在早期的 PC 端网络支付模式中，网关支付模式是出现最早的一种常见形态，用户在支付平台付款时，选择已经开通网银业务的银行，再跳转至银行界面，输入银行卡信息和身份核验信息（手机验证码），完成付款。随着电商交易对支付成功率要求的不断提高，快捷支付 ② 模式应运而生。快捷支付模式克服了网关跳转模式的诸多弊端，极大地提高了支付成功率，也为支付习惯向移动端的迁移奠定了坚实基础。如果没有快捷支付模式，支付的移动化转化过程不会像今

---

① 引自中国支付清算协会《中国支付清算行业运行报告（2017）》，中国金融出版社 2017 年版。

② 快捷支付使用的是银行专门为第三方支付设计，在原有的代扣接口上包装出来的快捷支付接口。快捷支付无须开通网银，在开通时提供身份信息、银行卡信息、银行预留手机号等，下次支付只需输入第三方支付平台支付密码（或支付密码 + 手机动态口令），即可完成付款。

天这样顺利，其在移动支付的发展历程中堪称具有里程碑意义的创新。

除了支付自身的便捷度之外，应用场景的选择，用户和商户习惯的培育，也是移动支付普及过程中的重要环节。纵观移动支付的发展历程，其中一个尤为重要的时间节点是2014年，可称得上是“移动支付元年”。

移动出行市场成为移动支付率先落子的场景。在这一年中，打车软件“滴滴”“快的”展开了一场面向乘客和司机的双向补贴大战，快速培育打车软件使用习惯，随后推出了司机端线下扫码支付功能。路边扬招出租车的乘客，也可以使用微信、支付宝扫描司机的二维码，支付车费，既避免了零钱找不开、收到假币的困扰，也使得移动支付开始从原来的网购、转账、缴费等线上场景向线下生活服务类场景大面积铺开。

2014年春节，融合中国传统习俗和支付属性的微信红包横空出世。“盯手机、抢红包”成为过去几年普通中国百姓在春节期间的必备社交娱乐活动，再加上“面对面红包”“AR红包”等各类创新玩法不断出现，更促使“红包热”升级。2017年除夕，微信红包收发总量达到142亿笔，三年内增长了700倍。腾讯移动支付峰值达到了20.8万笔/秒，比2016年的15.8万笔/秒提升了32%。用户参与抢红包需绑定储蓄卡，由此带来了新增银行卡绑定量的激增，在红包这一现象级产品的带动下，微信支付开启了移动支付的又一新篇章。

当前，中国移动支付业务持续保持快速增长，在成为全球移动支付领军者的同时，也推动了中国成为全球第三大非现金支付市场。[①] 根据中国支付清算协会数据统计，2013—2016年期间，国内商业银行移动支付业务从16.74亿笔增至257.10亿笔，金额从9.64万亿元增至

① 引自Capgemini, BNP Paribas, World Payments Report 2017, https://www.worldpaymentsreport.com/

157.55 万亿元。同期，第三方支付机构移动支付业务从 37.77 亿笔增至 970.51 亿笔，金额从 1.19 万亿元增至 51.01 万亿元。[①] 从商业银行和第三方支付机构数据对比来看，从笔数上，第三方支付机构处理的移动支付笔数是商业银行的近 4 倍，但从业务金额来说仅为商业银行移动支付规模的三分之一左右，商业银行在交易规模上仍占主导地位，充分体现出第三方支付机构移动支付业务小额、高频的零售支付业务特征。

未来，随着移动互联网在人们日常生活中的全方位渗透和普及，移动支付仍将是非现金支付产业创新发展的重点方向。各类市场主体积极拓展移动支付应用场景，通过与不同行业主体深化合作，增加服务功能、优化业务流程、降低综合费率、提高优惠补贴等措施，在衣食住行、生活缴费等高频需求领域之外，加速推动移动支付向投资理财、医疗健康、教育培训、文化产业等高附加值的行业领域渗透，搭建更为广泛的移动支付服务生态圈。

2013—2016 年商业银行移动支付业务发展情况[②]

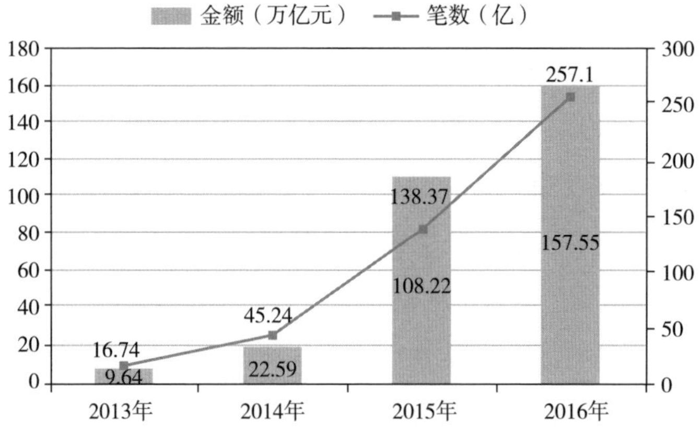

① 引自中国支付清算协会《中国支付清算行业运行报告（2017）》，中国金融出版社 2017 年版，p115—116;《中国支付清算行业运行报告（2014）》，中国金融出版社 2014 年版，p107—108。

② 来源：中国支付清算协会《中国支付清算行业运行报告（2017）》。

2013—2016 年第三方支付机构移动支付业务发展情况①

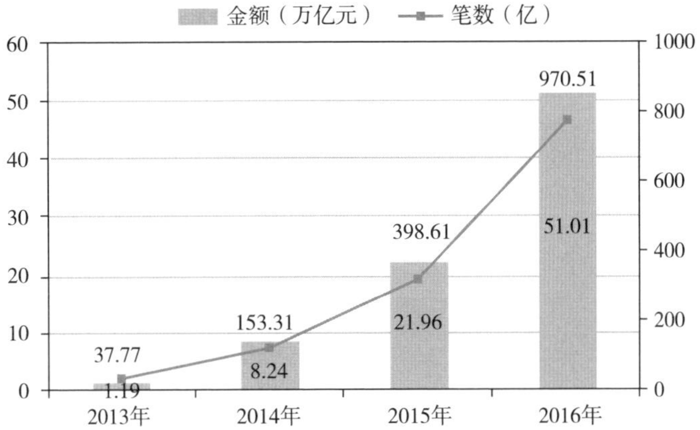

此外，技术正在赋能于更多日常生活的应用场景，“物物联通”让支付活动开始逐渐摆脱智能手机、智能手环、智能手表等硬件设备的束缚，“无感支付”开启了移动支付纵深发展的新篇章。在“无感支付”领域，腾讯基于微信的开放和支付能力，推出停车场缴费场景的无感支付服务和高速智能通行服务。

传统商业停车行业现状是比较散乱的：停车场管理所有权分布零散、提供技术的服务商水准参差不齐，导致作为车主在不同区域停车方式大不相同，行业和用户之间长期存在信息不对称、不同商户服务体验不统一的问题。除了用户停车难之外，行业利用率也比较低，整体行业停车位空置率可占近五成左右。

而微信智慧停车服务，做到车牌号 + 微信账户“人车合一”的绑定，停车服务方即可利用车牌识别，锁定微信车主用户。再结合微信免密代扣功能，实现出场缴费可在微信中自动扣费支付，进而实现停车入场无须取卡，取车出场无须缴费操作，提供全自动智能停车体验。即使停车场无人值守也可营运，也为行业服务方节省了人力成本。而

① 来源：中国支付清算协会《中国支付清算行业运行报告（2017）》。

且，通过停车类微信小程序，停车服务方可将车场收费信息、优惠信息、车位空置情况前置展示给用户，为用户在出行前的路径判断提供规划参考数据。

除此之外，高速智能通行服务的落地应用，同样具有代表性。

为解决当前车辆在高速通行过程中所存在的人工缴费成本高、耗时长、易拥堵等痛点，腾讯高速智能通行服务运用微信小程序并以其开发能力作为承载，在小程序里可以轻松绑定微信支付账号与车牌信息，并采用图像识别技术或与现有的 ETC 系统结合，让用户车辆无须停车取卡、无须停车缴费即可完成收费公里的自动缴费通行，当遇到用户缴费账号余额不足等无法扣缴情况，还能根据用户信用级别实现先通行后缴费的人性化服务。从而有望大大提高收费道路的通行效率、降低运营成本，在提升通行效率减少道路拥堵的同时，也很大程度上减轻了社会交通管理压力，减少大气污染。

例如，山东省在 2017 年 11 月接入微信支付的代扣能力，并在其“高速 e 行”小程序上上线了该服务功能，已实现全省开通自动收费站达到 212 个。用户只需在小程序上添加车辆信息、上传行驶证照片即完成绑定和服务开通。此后，用户高速通行产生的自动缴费记录，都能通过小程序还进行历史行程查询，也可以很轻松地在微信小程序里管理自动支付账户余额、开具发票和使用其他增值服务。“高速 e 行”该项服务开通首日即超过了 2 万用户申请，日均使用超过五千人次。

未来，随着高速智能通行服务、智慧停车服务等场景与技术的日益深化和普及，线上办理、不取卡通行、不停车缴费等创新体验将会给停车场、高速等更多行业的传统运营模式带来新一轮革新，在智能化技术和“互联网 +”的广泛应用场景结合下，带来更大的探索空间。

3. 条码支付风潮正浓

“如果忘带钱包，你敢出门吗？”在两年之前，许多人对这个问题的答案或许是“不敢”。但是现在，在中国的主要城市，公众基本不会为出门没有带钱包而发愁。在餐厅吃完晚餐，账单上可能会附带一个二维码，餐桌上可能也贴着一张结账用的二维码，用手机支付软件扫一下，即可在手机上直接向餐厅付款。即使是面对路边的个体商贩，用户也可以选择面对面付款，扫一扫摊主的二维码，就可以即时进行转账完成交易。以上种种都是条码支付大规模使用后带来的便利。2017 年，韩国总统文在寅访华期间，不仅在“永和豆浆”里享用了豆浆、油条这些中国式早餐，还特意尝试用手机扫码的方式付了早餐钱。

条码支付是中国市场中出现的较为独特的产物，通过二维码与智能手机相结合，以一种成本极低的支付方式快速打通线上线下。2011 年，条码技术开始在支付行业得到早期应用，尝试将支付业务由线上延伸至线下。

条码支付改变的是交易的发起和验证方式，将原来的“刷卡”行为变成了“扫码”行为，通过条码的入口，就能够完成线上到线下的转化。核心优势是成本低廉、便捷性较高、对硬件设备要求较低，有摄像头的智能手机都能支持扫码功能。

如果单纯从成本和费率角度来看，相较于统一定价的 POS 刷卡，条码支付也具有诸多优势。比如，条码支付模式中，对商户收取的费率较低，在客户可刷卡、可扫码的情况下，商户对于扫码支付必然会有倾向性选择。此外，部分个体商户自行张贴二维码，通过转账方式收款，这种情形下，商户仅需支付提现手续费，且提现手续费率一般低于受理刷卡交易所需支付的手续费费率。

随着条码支付业务规模和用户数量的不断增长，衍生出了新的产业主体和商业模式，即聚合支付。聚合支付是在第三方支付和商户之间增加的一个环节，它的业务本质是各类支付接口的聚合，借助银行、第三方支付等机构的支付通道，通过技术与服务的集成，在商户端实现多种支付方式的集中统一接入，并提供统一的对账和管理服务，是一种综合性支付解决方案。

从支付方式来看，既包括线下二维码类聚合支付模式，也包括 PC 网页、手机网页、手机 App 中的线上聚合支付模式。未来，在符合监管规定、规范发展的基础上，聚合支付可能进一步推进移动支付向综合金融服务的演进，聚合服务商也可以充分结合自身定位，融合支付业务上下游，提供更为多元化的增值服务，形成差异化竞争优势。

二维码本身的技术原理并不复杂，推广成本也比较低，但是二维码技术在金融支付领域的应用，可以说对中国线下零售支付市场的格局带来了重大影响，也开辟出了与世界其他国家不同的支付创新发展路径。目前，条码支付仍定位于小额、快捷、便民领域，2017 年底，中国人民银行发布《条码支付业务规范（试行）》，从条码支付交易验证方式、交易限额、信息管理和安全防护、静态码应用、商户管理等多个角度，对条码支付业务做出了统一规定。在市场实践领跑数年之后，条码支付业务终于迎来规范发展的新阶段。

据艾瑞统计，2016 年，线下扫码支付业务规模约为 6500 亿元，占线下非现金支付市场的份额约为 1.9%，[①] 存在巨大的发展空间。2017 年开始，中国银联和商业银行纷纷布局二维码支付产品，第三方支付机构也在持续挖掘和拓展线下高频、高黏度的扫码支付场景。

在公共交通领域，对于传统公共交通出行模式而言，市民常常会面临忘记带零钱、忘记带一卡通、需要到指定地点排队充值、一卡通

① 引自艾瑞《2017 年中国第三方移动支付行业研究报告》。

腾讯乘车码示例

丢失后退卡、补卡等问题的困扰。此前，由于扫码支付模式对网络连接要求较高，同时扫码过程中交易响应时间较长，二维码支付并不是公交领域的最优解决方案。

2017年，腾讯基于微信小程序推出乘车码服务，通过技术升级实现双离线（即用户手机和受理终端都无须联网），克服了交通领域人流密集、网络环境不稳定的痛点。用户首次使用二维码乘车时，通过微信小程序搜索“腾讯乘车码”，此后乘车码会自动进入微信卡包，再次使用时在“我—卡包—会员卡”可轻松进入。乘坐公交时靠近扫码机，扫码成功后即可乘车，在0.3秒内即可完成交易。使用乘车码无须充值，车费支持实时和异步扣款，实现“先乘车，后付费”，有效解决找零、购票、排队等问题，极大满足公共交通场景的效率需求。

当前，腾讯乘车码已经从公交、地铁向长江索道等更多使用场景进行立体化纵深发展，通过交通场景的移动支付创新，带给用户智慧、低碳、高效的出行体验，也推动中国特色公共交通领域的普惠目标。

未来，随着应用场景与移动支付技术的更加深度融合，可以预见的是，线下支付市场的博弈还将更加激烈，竞争格局也仍处于动态演进中。

4. NFC 支付蓄势待发

近场无线通信技术（Near Field Communication，NFC）是一种短距

离的高频无线通信技术，支持电子设备之间进行非接触式点对点数据传输与交换，过程中无须借助移动通信网络，使用 NFC 射频通道实现与收款机具间的本地通讯。NFC 技术是移动支付的另一种重要实现技术，其应用于支付场景的萌芽更是可以追溯到 10 年之前，但当时受制于 NFC 技术标准分歧和受理环境尚未成熟，NFC 移动支付在中国支付市场的早期发展远未达到预期设想。

从市场应用和推广情况来看，基于 NFC 技术的移动近场支付模式，核心优势在于安全性较高，以及离线脱机交易方式对于网络环境的依赖度较低，在 WiFi/3G/4G 网络覆盖较差的场景也能完成交易。

但 NFC 支付对于硬件设备的要求非常高。一方面，消费者需拥有符合一定机型条件的智能手机，才能使用该服务，另一方面，商户端需安装或对原有 POS 机具进行改造，以支持 NFC 支付功能。除硬件要求之外，NFC 移动支付的产业链条较长，在定价、利润分配等各环节上，需要在手机制造商、移动网络运营商、银行、银联、商户等主体之间寻求利益平衡点，协调难度较大。

与此同时，NFC 支付在中国移动支付市场的推广，面临最为强烈的阻力，则是来自于二维码支付在线下交易场景中的先发优势。

二维码支付成本低廉、对硬件设备要求不高，加之 2014 年期间，腾讯财付通、支付宝等互联网支付巨头以大规模补贴、优惠等方式，培育用户扫码支付使用习惯，迅速拓展小微商户，覆盖线下交易场景。

作为两种目前主流的移动支付实现方式，NFC 和二维码支付之间不是单纯的技术之争，其核心仍是用户和场景之争。如前所述，中国的移动支付市场，特别是线下移动支付市场，仍存在较大的发展空间和潜在利润增长点。正因如此，2016 年以来，诸多市场主体的战略布局也体现出线下支付领域的博弈正在不断加码。例如，国产手机制造商华为和小米先后与中国银联合作，推出手机 NFC 支付产品

Huaweipay 和 MiPay，拓展移动支付业务。

值得注意的是，市场主体在移动支付模式上的选择也在悄然发生变化，二维码和 NFC 支付互为补充的趋势开始出现。例如，中国银联推出 NFC 与二维码产品融合方案，利用现有手机 NFC 支付入口，增加二维码支付功能，实现 NFC 非接支付与二维码支付的结合，扩大了此前以手机 NFC 支付为主流的云闪副产品体系的应用范围和受理场景，并在二维码支付标准方面先行布局。

苹果在 WWDC2017 大会上发布了基于 iMessage 的 P2P 转账服务，以及 iPhone 相机扫描二维码的功能。未来，在系统自带 iMessage、相机等高频应用基础上搭载的功能拓展，很有可能成为这家手机制造业巨头在支付入口上的战略布局。

5. 传统商业升级的利器

随着互联网和移动通信基础设施的不断完善，越来越多的新技术、新应用结合移动支付“落地开花”，对传统商业模式进行改造的同时，催生出新的经济增长点。可以说，如果没有移动支付方式的普及和支撑，共享单车、无人零售等新兴业态就不会出现。

在“互联网 +”的时代背景下，网络支付、移动支付日益发展成为一种底层技术和基础设施，支付从渠道蜕变为转型升级的主体，以此为基础进行跨界融合，各个业务领域的边界变得不可分割，最终引发传统商业模式和组织形式等领域的改变。

在互联网支付发展初期，线上线下的边界非常清晰，2013 年前后，移动互联网快速发展，互联网经济线上线下模式彼此交融的趋势不断显化，竞争核心开始逐渐转向对传统商业模式的改造，而移动支付正是这种变化的重要切入点。

线下企业需要将客流量转化为有效数据，支付平台在聚合与导入用户，积累、挖掘并分析消费数据，以此推动支付 + 营销、支付 + 金融等模式发展方面，具有先天的优势。从线上交易到线下消费体验、线下营销到线上交易等 O2O 模式，同样在移动支付的支持下得到迅速推广。这也恰好能够解释为何众多不同传统行业领域巨头，比如万达、顺丰、美的、海尔等，纷纷在支付领域进行布局。而新兴互联网支付巨头，如腾讯财付通、支付宝等，也开始密集地向线下产业进军，不断拓展和创新增值服务的新版图，比如停车缴费、公共交通、共享单车、无人超市等模式，都是拓展多元化线下支付场景，渗透改造传统经济的趋势和价值的集中体现。

二、“一分钱”移动理财的奥秘

广义上认为，一切通过移动互联网的方式，帮助人们实现财富增值的金融模式，都可以算作移动理财。2013 年可谓中国的移动理财元年，余额宝在这一年横空出世，将银行理财门槛从“5 万元”降为“一部可以联网的手机（电脑）加 1 分钱”。随后，其他互联网企业、电商平台、移动运营商、传统金融机构等纷纷推出余额理财产品（又被称为宝宝类产品），中国的移动理财时代大幕就此开启。

1. 宝宝类产品掀起“全民理财”风潮

宝宝类产品是指类似于余额宝、民生如意宝的余额理财产品，顾名思义，即人们将流动性要求较高、数额较小的资金余额存放在特定理财账户中，资金用于不同理财产品的申购，客户获得收益的产品。

始于 2013 年 6 月的余额宝，是支付宝打造的余额理财服务，可以实现资金的转账、提现、消费购物以及增值功能。余额宝的本质其实是一款货币市场基金产品，但通过申购和赎回等流程上的设计，展现在用户眼前的只有较为前端的操作：将资金转入（转出）余额宝账户即可获得收益、点击查询即可获知历史收益记录及存入（转出）记录，此外的申购（赎回）等操作则完全由余额宝受托完成。

就收益率而言，余额宝在同类产品中仅排名中游，能够吸引如此大规模的资金，得益于余额宝的灵活度较高以及附属用途特色。

随时存取是余额宝的一大特点。虽然资金转入后的第二个或第三个交易日方能获取收益，但是余额宝提供当日转出当日到账（预计 2 小时内）的快速到账服务，基本满足了用户的流动性需求，并增强了用户的心理安全感。附属用途则是余额宝的杀手锏，依托于支付宝，余额宝账户的资金使用场景基本覆盖了用户生活的各个场景，包括但不限于网络购物、转账汇款、公共缴费、手机话费、公共交通、商场购物等诸多领域，用户可以随时将余额宝资金赎回并用于支付。但必须强调的是，宝宝类产品本质上还是金融理财产品，资金流动性高带来的安全问题不容忽视，效率与安全并重是金融领域永恒的命题。

从本质而言，宝宝类产品并不是产品创新，更多体现的是一种流程和渠道创新。人们向账户中存钱时，实际购买的是某只货币市场基金。货币基金在中国已经有 10 多年的发展历史，也被定位为“现金管理工具”。注入移动互联网的力量之后，申购赎回等流程得到了显著改善。

如今，传统理财产品与移动互联网的结合已经造就了现象级的产品，正服务着数以亿计的用户以及万亿级别的资金。据不完全统计，当前上线“宝宝”类产品的机构至少有 49 家，其中有 7 家互联网企业（包含电子商务企业）、7 家商业银行、32 家基金公司、3 家运营商。[①]

① 根据融 360 平台数据统计，https://www.rong360.com/licai-net/，2017 年 10 月 15 日。

各大机构利用自身优势，推出了差异化的服务。

其中，互联网系宝宝类产品，大多将支付、收益等功能集合于一身。用户既可以获得比银行活期存款利息更高的收益，也可以将账户中的资金随时赎回并用于支付。

出身基金公司的宝宝类产品，对接的是公司精心挑选的某一支货币基金，一般被包装为数字钱包 App。相较于传统的基金选购模式，用户只需要简单的几次点击，即可完成购入操作，避免了繁琐的手续，为投资经验较少人群提供了便利。

各大银行一般没有为自身的宝宝类产品开发独立 App，而是与发展较为成熟的手机银行绑定在一起。例如，建设银行将某支货币基金包装成一款独立产品，内嵌在建行手机银行 App 的首页，与其他理财产品区分开来，追求便捷性、易用性。

宝宝类产品之所以在过去短短几年间被大众广泛接受，大致由于其实现了以下功能。

其一，“T+0”取现。无论在工作日还是节假日，如果选用快速转出模式，用户可以在两个小时之内将自己的账户余额从宝宝类产品转至银行卡，而在通常情况下，这一时间甚至可以缩短至 5 分钟。几乎可以实现活期储蓄、现金的流动性，远远超越了传统的货币基金产品（通过银行渠道购买的货币基金产品赎回时间一般为 1–3 天），满足了用户资金实时周转的需求。

其二，操作便捷。便捷易用是移动互联应用的特点，过于繁琐的操作会造成潜在客户流失。当传统的货币基金产品注入移动互联网的基因，用户面对的是轻快、简洁的交互界面，而不再是单调的数字与繁琐的合同，对理财的距离感和陌生感降低。以腾讯理财通为例，用户只需通过几次点击即可完成申购操作，使得随时理财、零钱理财更具生命力。

其三，附属用途多样化。近年来，中国电子商务事业突飞猛进，生活服务的个人消费需求基本可通过移动支付完成。2016 年，中国移动支付业务达到 257.10 亿笔，同比增长 85.82%。①问世之初，互联网系宝宝类产品便抓住了用户核心需求，将理财与支付绑定在一起，即资金实时赎回并可用于网购支付及线下支付，客观满足了用户资金增值和支付的双重需求。此外，基金系宝宝类产品和银行系宝宝类产品在各自的领域也有所创新，前者可以随时用于购买其他理财产品；后者则可以用于线下刷卡支付，甚至 ATM 取现。

其四，无投资门槛。宝宝类产品基本消除了传统理财产品固有的投资门槛，几款主流的宝宝类产品起投额均为 0.01 元，而门槛较高的产品起投额也仅为 100 元。低门槛符合普惠金融的理念，迅速掀起了一股全民理财的新潮流。

总体来看，宝宝类产品瞄准了闲置资金少、灵活度要求高、对互联网接受程度较好及风险承受能力较差的人群。虽然人均投资额较少，但该群体数量庞大，汇聚的资金规模不可小觑。以余额宝为例，截至 2017 年 9 月 30 日，其资金规模已接近 1.56 万亿元②。

总体来看，宝宝类产品，已经超越理财工具的范畴，逐渐成为人们普遍接受的生活方式。更重要的是，它们唤醒了大众的理财意识，建立起人们对移动理财的信心，推动了整个市场的发展。随后，各种互联网理财平台如雨后春笋般涌现，专注于小额分散消费金融的桔子理财，通过智能系统将用户投入的理财金打散并与优质消费借款需求匹配，据统计，平均每笔理财金对应 98 名借款人③。换言之，在桔子理财平台，投资者持有的是高度分散的债权，结合平台提供风险互助机

① 引自中国人民银行《2016 年支付体系运行总体情况》，http://www.gov.cn/xinwen/2017-03/15/content_5177588.htm

② 引自天弘基金《天弘余额宝货币市场基金 2017 年第 3 季度报告》。

③ 引自桔子理财官网，https://www.juzilicai.com/intro/about.html，访问于 2017 年 11 月 28 日。

制，投资风险被有效降低。未来，金融服务商还将对消费场景进行进一步挖掘，将用户对金融产品的需求同多样化的生活场景更加紧密结合在一起，使之服务于生活的方方面面。

2. 一站式理财平台的兴起

随着移动互联网的深入发展，各大平台不再满足于单一的产品路线，而是在众多理财领域与生态伙伴展开积极合作，进入到集成化产品矩阵阶段，纷纷将传统理财产品集成至移动端，包括公募基金、保险、外汇、黄金、金融衍生品、类固收债权、产品 / 股权众筹等，构建一站式移动理财平台，力图为不同偏好、资金实力、理财目标的人群打造综合性理财超市。

从渠道融合来看，拥有巨大用户流量的移动互联网平台接入了来源丰富、品种多样的线上理财产品，使用户选购理财产品时更加方便快捷。

以京东金融为例，该平台分为三大模块：京东小金库、基金理财和定期理财。京东小金库与余额宝定位类似，同时吸收了基金系宝宝类产品的优点，分为“零用钱”和“理财金”，两个账户对应不同的资金用途；基金理财则集成了 3563 种[①] 基金，涵盖了货币型、股票型、债券型、指数型、QDII 型等近乎全种类基金，形成了基金超市的模式；定期理财则定位于高端用户，起投额较高，封闭期较长，相应提供的收益更高。

必须指出的是，虽然移动理财平台和用户量快速增长，但大多平台仍然停留在传统金融服务的渠道和入口角色。技术创新，尤其是人工智能与大数据的应用，将决定谁能成为下一个现象级产品。

---

① 根据京东金融数据统计，http://fund.jd.com/，2017 年 11 月 1 日。

大数据的应用能够提升理财产品与用户之间的匹配效率，帮助平台准确识别用户的选择倾向，促进理财产品和模式创新，以适应用户多样化的理财需求。

此外，大数据与人工智能的结合还能应用于投资顾问领域。虽然中国的理财市场规模庞大，但能够帮助用户进行资产配置的专业人才仍然存在缺口，而专业的投资顾问通常收费较高，令普通的投资者望而却步。

大数据 + 人工智能 + 投资顾问的模式有望解决这一难题，其运作机理大致是通过大数据、问卷等方式获得用户个性化的风险偏好和财富状况，运用预设的算法模型，在风险承受范围内为用户定制个性化的、效益最大化的资产配置方案。

3. 证券服务移动化风头正劲

近年来，移动互联网金融发展迅速，丰富了证券行业的服务渠道和获客方式，促使证券行业不断创新金融产品和服务模式，有效地推动了普惠金融的发展。

用手机炒股已经成为常态。相较于传统的柜台委托、电话委托、网上（PC）委托等方式，手机炒股 App 打破了时间和空间的限制，正为人们提供优质的移动证券服务体验。

各大证券公司通过自主研发移动端 App、开通微信公众号以及与外部互联网平台合作等模式，加速自身传统证券业务的网络化改造，进一步完善了移动证券服务生态链，探索出移动互联背景下的金融服务新模式。此外，新兴互联网券商开始涌现。互联网券商不设线下营业网点，用户通过线上方式进行开户、交易，一般提供海外股市通道。以富途证券为例，是一家成立于 2012 年的持牌互联网券商，凭借强大的信息技术能力，以港股、美股为切入点，富途自主研发了从前端到中后台的全链条系统，关注用户体验，并在安全、稳定、快速、好用等一流互联网产品标准的要求下，为投资者提供美股、港股交易，及证券相关的账户管理服务。

从用户的角度来看，移动端 App 已成为众多投资者进行证券交易的重要渠道。据统计，2015 年移动端开户占网上开户比例已达到 89%，使用手机炒股 / 基金用户数及使用率也在节节攀升。①

手机炒股、基金用户数及使用率②

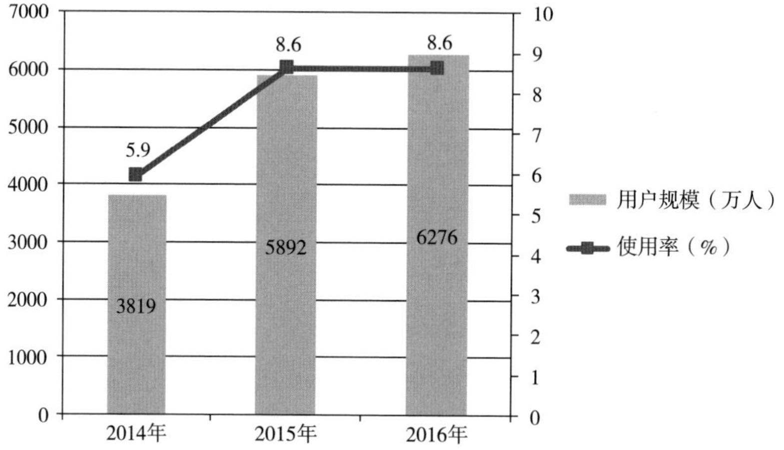

上图显示，2014 年，中国使用手机炒股 / 基金人数为 3819 万人，占整体手机网民的 5.9%；2015 年，在牛市的作用下，使用手机炒股 / 基金的人数猛增，达 5892 万人，占整体手机网民的 8.6%。2016 年，随着股市理性的回归，新入市的投资者数量骤减，使用手机炒股 / 基金人数的增速亦逐渐放缓，但整体规模仍呈上升趋势。

投资者对手机炒股 App 的依赖程度日益提升，相应的，移动互联网平台在证券公司业务中的价值也在逐步凸显。中国证券业协会发布

① 引自中国证券业协会《中国证券业发展报告（2016）》。

② 来源：CNNIC，第 37、39 次中国互联网络发展状况统计报告。

的《中国证券业发展报告（2017）》指出：绝大多数证券公司的网络开户占比在90%以上，有的甚至达到99%。其中，无论是服务时间跨度还是服务效率，手机开户都占据绝对优势，多数网民都会选择这一方式，在移动端证券交易占比方面，大部分证券公司都在30%–50%之间，占比较高者已接近90%。

由此可见，移动互联网为证券业务提供了近似无边界的服务平台，带来了证券投资者操作习惯的改变，手机炒股已成为大众的一种常态方式。

移动理财行业的发展还远未成熟，普惠金融将继续引领传统金融机构和第三方服务商推动理财产品和服务的升级换代，移动互联和技术创新将进一步变革人们的理财生活。从目前来看，移动理财主要呈现以下三大发展趋势：

第一，专业化。理财的核心仍然在于财富增值，高收益始终是人们理财的动力所在。单一的货币基金产品在收益率方面存在一定局限性，难以满足高收入人群的理财需求。由此，各大理财平台将上线更加专业的理财产品，以期为人们提供丰富的资产配置选择，加速理财移动化的进程。

第二，社群化。每一个理财决策未来都将辅以大量的宏观、微观数据作为支撑，信息共享和交流是证券投资者的共同需求。移动互联网具有天然的社交场景，当社群与理财结合，理财服务的内涵和边界得以大幅提升。

第三，智能化。当前智能理财仍处于初级阶段，各大理财平台上线的智能化系统只能为人们提供辅助决策，最终决策和购买仍需由用户自行完成。未来这项技术仍然有巨大的想象空间，在如何运用大数据技术促进产品的简化和创新、如何深化人工智能在投资顾问领域的应用等方面，有待于进一步探索。

三、普惠金融，覆盖中国的每个角落

普惠金融是联合国于2005年首次提出的概念，是指立足机会平等要求和商业可持续原则，以可负担的成本为有金融服务需求的社会各阶层和群体提供适当、有效的金融服务。[①]

发展普惠金融对于缩小贫富差距、提升经济包容性增长的关键作用已得到国际社会普遍认可。在过去十余年中，提高普惠金融水平已成为许多国家金融领域的重要政策目标之一。

1. 中国数字普惠金融迈向新征程

在中国的市场经济中，普惠金融尤为重要。在中国的经济社会结构中，大型企业处于顶端，数量较少，底层则是数量众多的小微型企业。据统计，2015年度，小微企业数量达到1334.97万户，占中国企业总量的96.99%，较2014年提升5.41个百分点。[②]众多小微企业创造了大规模的就业以及税收，但是，很长的一段时间内，获得的贷款支持却明显不相匹配。“贷款难”成为掣肘其发展的关键因素，它们获得贷款的难度和成本较大型民营企业、国有企业要高得多。

如果我们把视线从城市转向农村，将发现金融服务不平衡的现象更为严重。农村地区地广人稀、交通不便，建设金融机构网点的成本较高，金融服务能力薄弱是客观存在的情况。具体到个人，由于传统金融服务主要面向高净值人群，出于成本及经济效益的考虑，低净值人群往往不是金融机构着力服务的对象。

党中央、国务院高度重视发展普惠金融。党的十八届三中全会明

---

① 引自国务院《推进普惠金融发展规划（2016—2020年）》。

② 引自《转变理念，优化政策，促进小微企业健康发展》，熊茂平著，工商行政管理，2016年第23期。

确提出发展普惠金融，2015 年两会《政府工作报告》提出大力发展普惠金融。2016 年 1 月，国务院制定《推进普惠金融发展规划（2016–2020 年）》，提出到 2020 年，建立与全面建成小康社会相适应的普惠金融服务和保障体系，有效提高金融服务可得性，明显增强人民群众对金融服务的获得感，显著提升金融服务满意度。

利用数字技术降低成本，扩大金融服务的覆盖面，深化金融服务的渗透率，是促进普惠金融的关键。在 2016 年 9 月闭幕的 G20 杭州峰会上，二十国集团形成了普惠金融发展领域的首个国际性共同纲领——《G20 数字普惠金融高级原则》，旨在推动各国政府采取积极行动运用数字方法实现普惠金融目标。数字化手段是提升金融服务范围和金融服务效率的破局之道，而移动互联网则将在这次浪潮中发挥至关重要的作用。

具体而言，移动互联网具备促进普惠金融水平提升的得天独厚的基因，中国金融服务产业在促进数字普惠金融发展方面也积累了良好的实践经验。

一是创新了金融服务的获取方式。依托移动互联网基础设施，实现金融服务全方位、多层次覆盖，推动基础性金融服务下沉至三四线城市、农村地区。随着移动终端迅速普及，智能手机成本不再难以负担，与此同时电信资费下调和网络基础设施的不断完善，当前人们通过手机便捷的接入互联网已成为常态化发展，获取服务的门槛也在不断降低。

二是创新技术的应用有效缓解了信息不对称，提高金融交易效率，降低用户和商户获取服务的总成本，金融机构得以更低的价格向广大公众提供服务。例如，商业银行间通过手机银行进行转账不再收取手续费，中国证券公司普遍将代办买卖证券的佣金率降至万分之 2.5，已然达到全球最低费率水平等等。

三是改变了用户的获得方式，实体网点不再是个人与金融机构之间的唯一连接点，作为“虚拟网点”的手机显然能提供更多的渠道便利。在电子商务、社交网络基础上，进一步解决用户基础性金融需求，极大改善了用户体验，实现了用户规模大、黏性强。

大力发展普惠金融，有利于促进金融业可持续均衡发展，助推经济发展方式转型升级，增进社会公平与和谐，是中国决胜全面建成小康社会的必然要求。数字普惠金融既是金融业未来的发展方向，也是金融业切实践行社会责任的题中之义。展望未来，金融行业参与者应紧密围绕国家数字普惠金融战略布局，积极发挥比较优势，推动实体经济、科技创新、现代金融协同发展，实现以技术创新助推实体经济增长，让便捷、安全、经济的金融产品和服务惠及百姓民生。

2. 耕耘资本的荒芜之地

个人信用贷款、三农贷款和小微企业贷款历来不是银行的主营业务，其中最主要的因素是这些人群的服务成本较高、风险较高。根本原因在于，传统银行难以全面收集这些主体的信用信息，无法对收益和风险做出预期判断，难以首要满足需求。

当货车司机二十多年的徐军，平时在四川和广东之间“跑车”。2015 年时因为换车而产生资金需求。基于互联网平台“货车帮”所产生的司机注册时间、登录频次、车源信息等，并根据司机微信号查询的社交数据等信息，构建的货车司机群体的信用评级模型，徐军成为中国首家互联网银行微众银行的第一笔个人信用贷款获得者。这笔无抵押、无担保的 3.5 万元贷款，第二天就到了徐军的账户中。

随着移动互联的深入，人们的社交、购物、消费、资金周转、金融投资等与信用相关的活动逐渐转移到线上，同时产生大量的数据。

社会属性、居住环境、教育情况、社交关系、购物行为特征、兴趣偏好等多维度大数据的收集和分析，能够为更广泛的人群提供征信依据，金融服务商得以建立更加完备、高效的风险控制系统，为不同风险状况的服务对象灵活调整贷款额度以及利率，使专注为普罗大众和小微企业提供金融服务成为可能。

个人消费金融：从贫瘠走向繁荣

互联网消费金融是互联网金融业务的重要组成部分。广义的互联网消费金融是指资金供给方以互联网技术为手段，向各阶层消费者提供消费金融服务，服务提供主体除了消费金融公司以外，还包括传统金融机构、互联网企业等相关机构。① 个人消费金融产品和服务的多元化趋势明显，遍及百姓生活的衣、食、住、行、用的各个场景。

艾瑞数据显示，2013—2016 年期间，中国互联网消费金融市场规模从 60 亿元增长到 4367.1 亿元，年均复合增长率达到 317.5%。② 电子商务是消费金融需求最为旺盛的场景之一，电商 + 消费信贷的模式在各大电商平台得到快速推广和普及。京东旗下京东金融推出的“京东白条”是专注为同一集团下的京东商城用户提供的消费金融服务。京东 2017 年第二季度财报显示，京东白条过去 12 个月的活跃用户数为 2.583 亿，季度完成订单量为 5.912 亿，均保持强劲的增长势头。③ 在 2017 年“双十一”电商促销活动期间，京东白条第一小时的交易额同比增长了 450%。④

在互联网消费金融市场交易规模强势增长的背后，凸显出了个体消费者的金融需求未能在传统金融体系中得以有效解决。当前，中国

① 引自中国互联网金融协会《2016 中国互联网金融年报》，中国金融出版社 2016 年版。
② 引自艾瑞《中国消费金融洞察报告 2017》。
③ 引自京东《2017 年第二季度财报》。
④ 引自中国电子商务研究中心《2017 年“双 11”电商平台大促评测报告》。

城乡居民的消费需求仍在保持旺盛增长。国家统计局数据显示，2016年全年，社会消费品零售总额33.2万亿元，比上年增长10.4%。[①]同时，消费结构的转型升级正在进行中，推动生存型、物质型消费需求向服务型、品质型消费需求过渡。

消费金融典型产品：京东白条、蚂蚁金服花呗

中国作为体量庞大的单一市场，一方面存在不断涌现的新兴消费金融需求。中国稳定的经济增长推动了中产阶级的崛起，安永和星展银行曾预计，到2030年，中国中产阶级人数将占总人口的70%，从1.5亿增加到10亿。[②]经济增长和中产阶级规模的扩大，释放了更广泛的消费能力和金融服务潜力。另一方面，随着对新兴技术接受度较高的85后、90后逐渐步入消费市场，这部分群体也将进一步催生出全新的、差异化的消费需求，以及对新兴金融服务模式的接受程度普遍较

① 引自《统计局：2016年社会消费品零售总额同比增长10.4%》，http://finance.sina.com.cn/china/gncj/ 2017-01-20/doc-ifxzuswq2863490.shtml

② 引自《The Rise ofFinTech in China: Redefining Financial Services》，http://www.ey.com/Publication/vwLUAssets/ey-the-rise-of-fintech-in-china/$FILE/ey-the-rise-of-fintech-in-china.pdf

高。“花呗”是蚂蚁金服推出的一款消费信贷产品，用户使用花呗额度消费时，可以享受“先消费，后付款”的购物体验。数据显示，平均每4个中国的“90后”就有1个拥有“花呗”，而在将“花呗”作为支付宝首选支付方式的人群中，90后的比例最高，接近40%。①

与互联网金融其他业态相似，在移动互联网日趋普及的背景下，互联网消费金融移动化趋势也明显提速，其所具备的广覆盖、低成本、门槛较低等特点，能够有效地弥补传统金融服务体系覆盖不足的群体的金融需求。以消费贷为例，一般具有单笔授信额度小、审批速度快、无抵押担保、服务方式灵活、贷款期限短等优势，能够较好地满足个人消费者个性化、多样化、高质量的消费信贷需求，在推动金融普惠性发展的同时，对拉动消费升级、结构调整和经济增长也发挥着积极作用，蕴藏着较大的市场潜力。

农商业信贷：突围小微融资难题

除了个人消费类金融需求之外，长期以来，涉农、小微企业的金融需求更是难以得到有效满足，集中表现在可获得的金融工具较为有限，投融资工具较为单一。比如小微企业融资难、融资贵的问题，一直是传统金融体系难以有效缓解的痼疾。

在2017年7月召开的全国金融工作会议上，习近平总书记强调“金融要把为实体经济服务作为出发点和落脚点，全面提升服务效率和水平，把更多金融资源配置到经济社会发展的重点领域和薄弱环节”。增强金融服务实体经济能力是加快完善社会主义市场经济体制的内在要求，移动互联、技术创新能使金融资源更好地配置到实体经济的薄弱环节，促进金融和实体经济相互支撑。

---

① 引自《花呗年轻人消费报告：中国90后消费比美国更“前卫”？》，http://www.chinanews.com/life/2017/05-03/8214804.shtml

微众银行与网商银行同属首批获得银监会批准的互联网民营银行。不同于传统银行大量铺设线下网点及 ATM，互联网银行并不开设物理网点、没有发行实体卡片，所有贷款操作均可以在移动端 App 完成，这就意味着，即使居住在偏远的山区也可以获得同等的金融服务。2015 年，在李克强总理的见证下，微众银行发出第一笔小额贷款。截至 2016 年末，微众银行小额信贷拳头产品“微粒贷”主动授信超过 7000 万人，开通用户超过 1500 万人，覆盖面达 31 个省、市、自治区，567 座城市，累计发放贷款 1987 亿元，笔均放款约 8000 元，有效地满足了普罗大众的小额资金需求。①

而背靠中国互联网巨头阿里巴巴的网商银行，同样具有获取海量数据的优势。阿里巴巴拥有的电子商务平台——淘宝网，以及移动支付工具——支付宝，承载着海量网络店铺的经营数据、个人用户的移动支付数据等，这都可以成为网商银行信贷评估的基础。成立两年有余，网商银行开通了流量贷、网商贷等信贷服务，始终将自己的服务对象定位为小微企业和广大创业者。

以流量贷为例，截至 2017 年 6 月，中国共有网站 506 万个。②其中，中小型创业网站占据绝大多数，与大型门户网站共同构成了互联网生态，丰富了网民的线上生活。然而，大多数中小网站创业者并不宽裕，这类群体的资金需求也难以得到传统商业银行的关注。有鉴于此，在成立之初，网商银行通过中文流量统计网站 CNZZ，以后者拥有的丰富的流量统计数据为履约能力的分析基础，面向中小创业网站推出流量贷，站长凭借流量统计以及征信记录即可申请贷款。

除小微商户之外，农民群体始终是互联网金融服务商的重点关注对象。中国农村地域辽阔，人口众多，但是缺乏明显的经济支撑点，

---

① 引自《微众银行 2016 年年度报告》

② 引自 CNNIC 第 40 次《中国互联网络发展状况统计报告》

人均可支配收入（2016 年为 12363 元）远低于城镇居民。加快农村经济发展始终是中国政府的重要议题，金融则在服务“三农”中起着核心作用。自 2007 年创立涉农贷款统计以来，全部金融机构涉农贷款余额累计增长 361.7%，九年间平均年增速为 18.8%。涉农贷款余额从 2007 年末的 6.1 万亿元增加至 2016 年末的 28.2 万亿元，占各项贷款的比重从 22% 提高至 26.5%。①

信贷规模扩大仍难掩三农贷款固有的弊端。农产品在生产、收购、加工、销售等多个环节中，都会伴随大量的资金需求。农民需要资金购买种子、化肥等农资，农产品企业需要资金周转，保证农产品生产和销售。由于信用体系仍不完善，信用无法评估，仍有大量农户难以从传统金融机构获得信用贷款或者融资成本过高。

在这样的背景下，京东金融推出了“京农贷”。“京农贷”是面向农户、涉农企业的贷款服务，具有免抵押、利息低、放贷快的优势。2015 年 9 月，首批试点之一的“仁寿京农贷”在四川仁寿县正式落地，向四川福仁缘农业开发有限公司发放了首笔贷款，用于解决农产品收购环节的农产品信贷需求。②2015 年 10 月，另一项“先锋京农贷”试点在山东省济宁市汶上县落地，首笔 10 万元贷款发放给当地玉米种植大户用于农资购买。③目前，“京农贷”着力为试点地区的种植、养殖农户提供资金支持，农户最高可贷得 500 万元，还款期限最长为 12 个月。

① 引自中国人民银行《中国农村金融服务报告（2016）》。

② 引自《京东启动“仁寿京农贷”为互联网企业在川首笔涉农贷款》。http://news.163.com/15/0925/04/B4B3JI7G00014Q4P.html

③ 引自《京东金融“先锋京农贷”正式落地 解决农资信贷需求》。http://news.sina.com.cn/o/2015-10-12/doc-ifxirmqz9960531.shtml

京东金融“京农贷”

值得注意的是，中国的互联网金融服务商与电子商务平台已经形成良性的互动关系。电子商务平台供给的高频和广泛的交易记录、支付信息等大数据，使互联网金融服务商开展普惠信贷业务如鱼得水，反过来，精准的资金注入又将促进电子商务平台的繁荣发展。

现阶段，传统金融机构在政策的指引下着力发展三农贷款、小微企业贷款，微众银行、网商银行等新兴金融服务商则将服务普罗大众、小微商户作为自己的发力点，不同类型的主体积极利用现代科技手段创新，合力化解金融服务供给不充分、不均衡的难题，共同构成了中国普惠金融的重要拼图。

3. 众筹，为梦想插上翅膀

众筹[①]是指个人或中小企业通过互联网或移动互联网向大众筹集资金的一种项目融资方式。具体表现为不特定群体，以“赞助”的方式帮助发起人实现某种计划、创意或者设计，只要筹得预先设定的金额，

① 本文所指的众筹专指兴起于互联网时代的众筹，即以互联网为传播路径。

发起人即开始执行计划并按承诺给予一定的回报。

根据筹集目的和回报方式的不同，众筹可以分为商品众筹、股权众筹和公益众筹三大类。商品众筹将特定的商品或者服务作为回报，筹资的目的即是生产某种具体的产品，尤其是小众的创意产品。股权众筹的赞助者在发起企业成功筹资后，可以直接或者间接获得股权作为回报。公益众筹具有捐赠性质，赞助者可以获得发起人承诺的回馈，但是这种回馈一般仅具有象征意义，市场价值小于赞助者付出的代价，这是公益众筹与前两者的差异。

2011 年是中国互联网众筹的元年，点名时间创建了国内首家智能设备众筹平台。彼时，众筹对于中国人还是陌生的词汇。在这六年的时间里，众筹在中国逐步发展，为中小企业、个人提供了除信贷以外的融资渠道，为公益事业开拓了高速发展的轨道。但随着监管政策加码，众筹，尤其是权利义务相对较为复杂的股权众筹，在经历了迅速增长的态势后逐渐趋于理性。

产品众筹是最先发展起来的模式，对于赞助者而言，参与众筹类似于买卖中的预付价款，与普通买卖不同的是，当众筹项目筹集的资金到达特定规模时，赞助者可获得额外的馈赠。发起众筹的产品通常具有新奇的外表、独特的功能，或者一段足以引起他人共鸣的历史等，它们能够抓住围观者的眼球并在移动互联网的快速传播下取得巨大的成功。2015 年的三星 S6 钢铁侠定制版和 2016 年的小牛电动车 M1 便是其中典范。

由于牵涉到资本市场的相关法律，股权众筹在中国的发展并非一帆风顺。2014 年是股权众筹发展的转折点，李克强总理首次提出开展股权融资试点工作，致力于帮助小微企业募集社会资本，营造更好的创业氛围。2015 年，京东、阿里两大电子商务巨头纷纷推出股权众筹业务，与产品众筹一道构成众筹融资业务体系。

公益众筹与普通中国人的生活联系最为紧密。诸如“小朋友的画廊”，人们经常会在社交网络看到被转发的公益众筹项目。从慈善基金的角度来看，移动互联网下的公益众筹能使需要帮助的人获得更多的关注；从捐赠者的角度来看，了解公益项目的详情、参与公益以及监督资金去向更为便捷，公益慈善作为生活态度、生活习惯在移动互联的背景下成为可能。

如果说互联网信贷倚仗的是大数据爆炸，那么互联网众筹依赖的便是参与人群范围广、信息传播速度快等互联网独有的特性。通过融入移动互联网社交平台，众筹项目可以更高效地进行信息传播，拉近项目与赞助者之间的距离，使项目获得更广泛的关注，赞助者以更低的成本参与筹资。正是基于移动互联的发展，众筹这一新兴的融资方式获得了快速的推动，融资走向更加开放。

四、技术创新的新里程碑

在过去的50年中，技术创新已成为金融服务产业转型升级过程中的重要驱动力。从半导体、中央处理器、个人电脑、互联网、智能设备、移动通信，到云计算、大数据、物联网、生物识别、区块链等，新兴技术的不断涌现并日益成熟，将引领金融服务产业的创新浪潮。

1. 人工智能：开启财富管理的全新时代

智能投顾是人工智能等新兴技术与金融服务深度结合的产物。目前，国内外对于智能投顾（也称机器人投顾，Robo-Advisor）尚未形成权威和统一定义，在业务边界和范围上各国的实践选择也不尽相同。

除了字面意思上的投资建议功能之外，广义上的智能投顾还涉及投资组合管理服务，结合客户风险偏好和预期收益目标等信息，通过算法实现对客户资产的配置、管理和优化，部分智能投顾还可进行交易执行，是一种综合性、自动化、定制化的投资理财服务。

智能投顾服务模式诞生于2008年，自2011年开始在美国等市场发展速度显著加快。通过智能投顾开展投资管理是财富管理市场的重大突破，与传统投顾模式相比，智能投顾具备透明度较高、投资门槛和管理费率较低、用户体验良好、个性化投资建议等独特优势，对于特定客户群体而言吸引力较高，呈现出用户数量和市场规模的不断增长。

推动智能投顾业务发展的因素是广泛、多元化的。

从技术角度而言，大数据、云计算和人工智能等技术的不断成熟完善为智能投顾模式的发展奠定了基础。全球数据规模呈现爆发式增长，加之机构加大数据挖掘和分析的研发和投入，数据多样性和丰富性不断拓展，数据处理成本不断降低，为智能投顾出具更为精确、个性化的投资建议和资产组合方案提供了可能。

从需求角度而言，由于传统投顾服务的资金门槛和管理费用相对较高，导致数量众多的低净值客户的投资理财需求无法有效满足，以及伴随用户行为习惯和社会结构的变化，许多80后、90后年轻用户更习惯于线上沟通交流方式，也对随时随地获取个性化服务情有独钟。而智能投顾提供的非面对面、定制化服务模式，恰恰满足了这部分新兴用户群体的投资理财需求，也推动了智能投顾服务的不断渗透和发展。

在中国市场，据不完全统计，目前宣传具有“智能投顾”功能的各类理财平台已经超过20家。技术的发展降低了市场的进入门槛，许多创业企业凭借技术优势，与国内外券商合作，通过智能投顾服务切入财富管理领域。而商业银行、券商、保险公司、财富管理机构等，则是通过将智能投顾整合进原有咨询类业务中，作为传统服务渠道和功能的延伸和拓展，充分利用客户规模和品牌效应优势，客观上为智能投顾的普及形成了支撑，也提高了对投资者的吸引力，典型产品如招商银行的摩羯智投、民生证券的璇玑智投、广发证券的贝塔牛等等。

2. 大数据：为金融安全保驾护航

金融的要义是资金融通，其中的核心是数据和信息。在传统的金融业务中，银行是信息汇集的核心枢纽，用户在银行办理业务时，会留存下相关信息，这些信息大多是标准化的。但是互联网改变了信息的产生和获取方式，大量的碎片化、非标准化的信息在互联网渠道中不断累积，与此同时，信息的内容更加丰富及多元化。

具体而言，用户的每一次消费行为都会产生数据，包括商户信息、商品信息、消费地点、消费时间、交易金额等等。经过数年的积累，支付服务机构沉淀了海量、多维度的收付款双方的交易信息，借助大数据分析工具，可以对用户的消费习惯和偏好、商户的经营状况等情况进行大致判断，勾勒出用户画像，并以此为基础，在支付业务之外叠加多元化增值服务，能够为用户统计、精准营销、客户管理、理财融资、个性化定制等各类应用场景提供高质量、强有力的数据支撑。

此外，大数据分析与人工智能的深度结合，为金融领域风控和反欺诈提供了有力的技术支撑。通过收集各行业、各流程的数据形成数据体系，金融服务商可以从用户行为、地理位置、消费习惯等多个维度综合评判用户的风险，护航金融行业资金安全。

基于在反诈骗领域的长期研究和实践，腾讯安全反诈骗实验室已经形成一整套基于 AI 创新 + 能力开放的反欺诈评价新标准。根据腾讯发布的《2017 年上半年互联网安全报告》显示，2017 年上半年度，腾讯麒麟伪基站实时定位系统为全国用户拦截 2.3 亿条伪基站诈骗短信，保护人数达 1.5 亿，[①] 在取得了显著的止损成效的同时，为反欺诈产业实践提供了有效思路。目前，腾讯安全反诈骗实验室陆续推出神荼反钓鱼系统、神侦资金流查控系统、神羊情报分析平台、鹰眼反电话诈骗系统、麒麟伪基站实时定位系统，共同组成五大系统，通过腾讯云的 SaaS 服务开放给相关政府部门、企事业单位等主体，提升欺诈犯罪的协同防控和打击能力。

腾讯麒麟伪基站实时定位系统

百度金融推出的“磐石反欺诈工程平台”，在实时监测、判别欺诈行为、无缝对接金融风控上，与商业银行、互联网金融等金融产业主体开展合作，建筑起立体的反欺诈防护盾。

百度金融磐石反欺诈工程平台

3. 区块链：重塑金融基础设施的新力量

金融服务产业是全球经济发展的动力，也是中心化程度最高的产业之一。金融市场中往往由于交易双方的信息不对称导致无法建立有

---

① 引自《腾讯安全发布〈2017 年上半年互联网安全报告〉》，http://www.chinanews.com/it/2017/08-04/8295730.shtml

效的信用机制，产业链条中存在大量中心化的信用中介和信息中介，减缓了系统运转效率，增加了资金流通成本。区块链技术公开、不可篡改的属性，为去中心化的信任机制提供了可能，具备改变金融基础架构的潜力，使其在金融领域的应用前景不可低估。

以跨境支付典型场景为例，随着全球一体化进程的不断加快，跨境贸易规模持续增大，跨境支付的交易量也在不断攀升。据麦肯锡预测，全球跨境支付总体规模有望在 2020 年突破 2.2 万亿美元。[①] 世界银行数据显示，全球跨境汇款（跨境侨汇）市场规模 2017 年将达到 5960 亿美元。[②] 但与此同时，传统模式中存在的产业链条长、交易速度慢、交易成本高等诸多痛点也在持续制约跨境支付业务的发展。

通过区块链技术进行资金转移，在跨国收付款人之间建立直接交互，简化处理流程，实现实时结算，提高交易效率，降低业务成本，有望成为支撑跨境支付业务的可行技术方案，由此推动跨境小微支付等商业模式的发展。

在交易速度方面，传统跨境支付模式中存在大量人工对账操作，银行在日终进行交易的批量处理，通常一笔交易需要至少 24 小时才能完成，而应用区块链的跨境支付可提供 7x24 不间断服务，并且减少了流程中的人工处理环节，大大缩短了清结算时间。

而在交易成本方面，传统跨境支付模式中存在支付处理、接收、财务运营和对账等成本，有数据显示，通过代理行模式完成一笔跨境支付的平均成本在 25 美元到 35 美元之间，是使用自动清算所（Automated Clearing House）模式完成一笔国内支付成本的 10 倍以上。[③]

---

① 引自《McKinsey: Global Payments 2016: Strong Fundamentals Despite Uncertain Times》, https://www.smefinanceforum.org/sites/default/files/post/files/McKinsey_Global_Payments_Report_2016.pdf

② 引自《World Bank: Migration and Remittance - Recent Developments and Outlook》http://www.knomad.org/sites/default/files/2017-10/Migration%20and%20Development%20Brief%2028.pdf

③ 引自《McKinsey: Global Payments 2016: Strong Fundamentals Despite Uncertain Times》, https://www.smefinanceforum.org/sites/default/files/post/files/McKinsey_Global_Payments_Report_2016.pdf

而通过区块链技术的应用，削弱交易流程中的中介机构作用，提高资金流动性，实现实时确认和监控，能够有效降低交易各环节中的直接和间接成本。对于金融机构来说，可以改善成本结构，提高盈利能力，对于终端用户来说，可以减少各类交易费用，使得原先成本过于高昂的小额跨境支付业务成为现实，因而更具普惠价值。

通过技术要素的不同组合方式，区块链技术可应用于不同金融细分领域。目前，中国金融市场参与者已在区块链应用上进行密集布局，数字货币、支付结算、票据、证券、保险等领域的概念验证持续推进。比如，腾讯推出可信区块链解决方案，以黄金红包为场景，应用区块链技术实现数字资产的并行记账，提升内部不同系统间的对账效率①；邮储银行与 IBM 合作推出的基于区块链技术的资产托管系统②；招商银行实现通过区块链技术改造的跨境直联清算业务③；京东金融合作发行全程基于区块链的汽车融资租赁 ABS 项目④。

区块链技术为各类金融业务所涉及的资金流转、资产交易、信息存储、身份管理等流程提供了全新的思路。借助点对点网络、节点之间的分布式共享账本以及加密技术等核心要素，区块链技术有望进一步提高市场运行效率，获得更为广泛的发展空间和应用场景。作为新近涌现的金融科技创新，区块链技术有望进一步推动金融市场结构的调整和升级。

---

① 引自《腾讯区块链方案白皮书正式发布，四大优势打造区块链共赢生态》，http://tech.qq.com/a/20170424/042256.htm

② 引自《邮储银行：基于区块链技术的资产托管系统》，http://www.chinapostnews.com.cn/html1/report/17026/1786-1.htm

③ 引自《招商银行实现首家区块链项目商用》，http://www.cmbchina.com/cmbinfo/news/newsinfo.aspx?guid=63cf2eb4-b968-4467-a236-f7b54191212b

④ 引自《京东金融 ABS 云平台完成首单 Pre-ABS 区块链上放款》，http://finance.ifeng.com/a/20170804/15568739_0.shtml

第 三 篇

产 业 升 级

- 互联网+制造，从制造大国迈向制造强国

第五章

互联网 + 制造，从制造大国迈向制造强国

在国民经济三大产业中，互联网呈现由第三产业向第二产业、第一产业逆向渗透融合的基本路径。自中国全面接入国际互联网 20 多年来，互联网已经深刻改变了零售、物流、交通、金融、住宿、餐饮、旅游、娱乐等服务业，正在加速向制造业渗透。从“互联网 +”的发展路径来看，制造业成为当前的主攻方向。

“互联网 +”制造是以互联网为核心的新一代信息技术与制造业跨界融合与深度应用，贯穿于设计、生产、管理、服务等制造活动的各个环节，形成了具有信息深度感知、智慧优化决策、精准控制自执行等功能的先进制造系统，创造出新思维、新模式、新产品和新业务，构建形成了连接一切的制造业新生态，推动了制造业的生产方式和组织形态的根本变革。

一、“互联网 +”制造的燎原之势

1. 国家战略号角吹响

国际金融危机后，全球制造业处在重塑发展理念、调整失衡结构、重构竞争优势的关键节点。伴随着新一代信息技术的突破和扩散，“互联网 +”制造日益成为生产方式变革的重要方向，并引发了国际社会对新的发展理念和发展模式的广泛讨论和思考。制造业重新成为全球经济竞争的制高点，世界各国纷纷出台制造业中长期发展战略，如美国的“先进制造业伙伴计划”和“制造业创新网络计划”、欧盟的“欧洲工业数字化战略”、英国的“英国制造 2050”、德国的“工业 4.0”、法国的“新工业法国”、意大利的“意大利制造业”、西班牙的“工业连接 4.0”、俄罗斯的“国家技术计划”、日本的“机器人新战略”和“再兴战略”、韩国的“制造业创新 3.0”、印度的“印度制造战略”、阿根廷的“国家生产计划”和中国的“中国制造 2025”等，均包含推进制造业创新发展的重要举措。

中国也十分重视“互联网 +”制造和制造强国工作。

习近平总书记在 2017 年 10 月中国共产党第十九次全国代表大会上向大会作的报告中指出“加快建设制造强国，加快发展先进制造业，推动互联网、大数据、人工智能和实体经济深度融合”。2016 年 5 月，国务院出台了《关于深化制造业与互联网融合发展的指导意见》，把“互联网 +”制造上升到国家战略高度，明确了“互联网 +”制造的总体要求、推进思路和主要任务。国务院还印发了《中国制造 2025》、《关于积极推进“互联网 +”行动指导意见》、《关于深化“互联网 + 先进制造业”发展工业互联网的指导意见》等文件，中共中央办公厅、国务院办公厅印发《国家信息化发展战略纲要》等，这些政策的出台，无不将“互联网 +”制造上升到关系制造强国的战略层面。

为推进实施制造强国战略，加强对有关工作的统筹规划和政策协调，国务院于 2015 年成立国家制造强国建设领导小组。

在部委层面，工业和信息化部印发了《信息化和工业化融合发展规划（2016—2020）》，并联合其他部委印发《关于深入推进新型工业化产业示范基地建设的指导意见》、《机器人产业发展规划（2016—2020 年）》和《智能制造发展规划（2016—2020 年）》等重要文件，加快推进制造业数字化转型。腾讯研究院经过整理，整体如下表所示。

中国政府已经颁布的有关“互联网 +”制造的文件

出台部门	时间	文件
中共中央办公厅、国务院办公厅	2016 年 7 月	《国家信息化发展战略纲要》（中办发〔2016〕48 号）
国务院	2015 年 5 月	《中国制造 2025》（国发〔2015〕28 号）
	2015 年 7 月	《关于积极推进“互联网 +”行动的指导意见》（国发〔2015〕40 号）
	2016 年 5 月	《关于深化制造业与互联网融合发展的指导意见》（国发〔2016〕28 号）
	2017 年 11 月	《关于深化“互联网 + 先进制造业”发展工业互联网的指导意见》
工信部、发改委、财政部	2016 年 3 月	《机器人产业发展规划（2016–2020 年）》（工信部联规〔2016〕109 号）
工信部、财政部、国土资源部、环保部、商务部	2016 年 7 月	《关于深入推进新型工业化产业示范基地建设的指导意见》（工信部联规〔2016〕212 号）
工信部	2016 年 10 月	《信息化和工业化融合发展规划（2016–2020）》（工信部规〔2016〕333 号）
工信部、财政部	2016 年 12 月	《智能制造发展规划（2016–2020 年）》（工信部联规〔2016〕349 号）

2. 四大领域成果初现

在一系列政策的指引下，“互联网 +”制造已取得阶段性成效，“中国制造”正在向“中国创造”转变、“中国产品”正在向“中国品牌”转变、“中国速度”正在向“中国质量”转变。制造业技术管理水平持续提升，新模式新业态不断涌现，新型基础设施体系不断夯实，“互联网 +”制造政策体系也在日趋完善。

（1）两化深度融合水平持续提升①

两化融合是指信息化和工业化的融合发展，在 2007 年中国共产党第十七次全国代表大会上正式提出，是指导中国近十年经济发展的重要论断。

当前，两化融合管理体系标准持续完善，完成 9 个国家标准立项，1 个国际标准立项，3 项国家标准正式发布；5000 余家企业开展两化融合管理体系贯标，达标企业 948 家，73000 余家企业开展两化融合自评估自诊断自对标，一批贯标企业在协同研发、精益管理、风险管控、供应链协同、市场快速响应等方面的竞争优势显著提升。

随着两化融合的深化发展，制造业数字化、网络化和智能化水平持续提升，截至 2017 年第一季度，企业数字化研发设计工具普及率和关键工序数控化率分别达到 63.2% 和 34.1%，年均增长达 3.3 和 2.1 个百分点；自动控制与感知、工业软件等融合发展新型基础设施应用普及率稳步提升，推动关键业务环节全面信息化企业比例从 2014 年的 29.0% 提升至 2016 年的 39.6%，带动企业精准制造、柔性制造、敏捷制造能力大幅提升。

① 来源：国家工业信息安全发展研究中心。

（2）智能制造成效初显

智能制造是基于新一代信息通信技术与先进制造技术深度融合，贯穿于设计、生产、管理、服务等制造活动的各个环节，具有自感知、自学习、自决策、自执行、自适应等功能的新型生产方式。智能制造是“中国制造 2025”的主攻方向，近年来核心关键技术取得重大进展，例如高性能大型金属构件的激光增材制造装备、分布式控制系统、轨道交通用绝缘栅极型功率管等实现突破，形成了开放式一体化控制软件、运动控制核心技术等工业软件创新成果，也涌现出了潍柴动力重型高速柴油机数字化车间、海尔集团空调互联工厂等一批智能制造的创新标杆。

（3）工业互联网发展迈出坚实步伐

工业互联网通过构建连接机器、物料、人、信息系统的基础网络，实现工业数据的全面感知、动态传输、实时分析，形成科学决策与智能控制，提高制造资源配置效率，正成为领军企业竞争的新赛道、全球产业布局的新方向、制造大国竞争的新焦点。

当前，中国工业互联网的网络体系建设初见成效，扁平化、IP 化、无线化、灵活组网等技术改造和 5G（第五代移动通信技术）、SDN（软件定义网络）、NB-IoT（基于蜂窝的窄带物联网）等新型网络建设持续推进。同时关键资源布局成效初显，标识解析领域国际话语权显著提升，建立了全球 Handle 系统[①]顶级并联根节点。并形成了以航天云网为代表的协同制造平台、以树根互联为代表的产品全生命周期管理服务平台和以海尔为代表的用户定制化平台等典型平台。工业 App 开发应用则形成了以传统工业软件产品云化迁移为主导的应用格局，部分

① Handle 系统是物联网发展的重要底层共性技术，是一套起源于互联网、应用于物联网的标识符号及相关注册、解析、管理技术体系。

新型工业 App 开始探索商业化应用。

（4）制造业“双创”平台建设取得积极成效

在大众创业，万众创新的浪潮推动下，以开放式创新、协同创新、虚拟孵化为特征的制造业互联网“双创”平台大量涌现，制造业创业创新活力深度激发。

截至 2017 年 4 月，中国制造业重点行业骨干企业建设“双创”平台的普及率已达 59.6%，其中中央企业已建成各类互联网“双创”平台 110 余个，聚集科技服务机构数超过 1200 个，实现仪器设备、技术成果等海量创新资源的在线化。例如，2016 年底，航天云网平台注册用户超过 44 万家，总成交金额达 193 亿元；海尔“双创”平台汇聚风险投资机构超过 1300 家，提供就业岗位逾 100 万个。[①]

二、“用云量”成为新风向

我曾在 2017 年年中的“云 + 未来”峰会现场提到，云计算是数字经济最重要的基础设施，用云量将成为最重要的发展指标，和用电量类似，将带来新一轮产业革命。

当然，这是对于广义上的云时代展望。

在制造业领域，随着中国制造 2025、“互联网 +”制造的迅速崛起，面向制造业的云计算也将迎来发展新阶段。制造业将成为云计算在垂直应用市场的重要突破口，云计算也将成为中国“互联网 +”制造和新工业革命的重要基础设施，并有力支撑传统制造业转型升级和数字化改造。

① 来源：国家工业信息安全发展研究中心。

1. 新工业革命的源动力

2016 年 G20 杭州峰会发布的《二十国集团新工业革命行动计划》认为，正在兴起的这场新工业革命，以人、机器和资源间实现智能互联为特征，由新一代信息技术与先进制造技术融合发展并推动，正在日益模糊物理世界和数字世界、产业和服务之间的界限，为利用现代科技实现更加高效和环境友好型的经济增长提供无限机遇。从根本上来说，新工业革命是由网络信息技术与制造业的深度融合所催生。作为网络信息技术的核心和灵魂，互联网是最活跃的因素，赋能效应最显著，渗透路径最广阔，代表着当今最新生产力发展水平。研究表明，全球 95% 的工商业同互联网密切相关。① 因此，互联网与制造业的融合成为这次新工业变革的核心，将在世界范围内给制造业带来颠覆性变革。

正在兴起的新工业革命和第二次工业革命具有诸多相似特征。第二次工业革命以电气化为核心特征，由电驱动。从产业角度来看，电应用到制造业，开启了第二次工业革命的新阶段。电最初的使用局限于照明、电车等生活消费领域。在电灯发明 20 年后的 1899 年，美国制造业所有动力中仅有 4.8% 是由电力驱动的。而电动机的发明，发电、输变电技术的进步，大规模集中电厂的出现才推动电广泛进入生产领域，使电力的普及速度明显加快。1910 年制造业开始电气化普及，制造业用电量激增。随后 1917 年，生产领域的用电量超过生活领域；到 2012 年，全球 45% 的电被电动机消耗，照明仅占 20%②；2016 年，中国工业用电占 69.9%，居民用电占 13.6%。③

---

① 引自习近平《坚持开放包容　推动联动增长——在二十国集团领导人汉堡峰会上关于世界经济形势的讲话》，2017 年 7 月 7 日。

② 引自陈新河《软件定义世界，数据驱动未来》，软件产业与工程，2014 年第 1 期。

③ 引自数据来源：国家能源局。

电重新定义了动力，动力设备由蒸汽机变为电动机，充分释放了工业革命的潜能。正是基于电的基础作用和通用意义，“用电量”成为衡量经济发展水平的重要指标。《经济学人》杂志在 2010 年推出“克强指数”，用于评估中国 GDP 增长量，即通过耗电量、铁路货运量和贷款发放量来分析经济运行状况，“耗电量”位列三大核心指标之一。

云是新工业革命的基础设施，是新工业革命的核心驱动力，云化程度是核心特征。云将重新定义智慧，开启从解放体力劳动到解放脑力劳动的转变，促进数字红利的充分释放。“用云量”将成为衡量经济发展的新指标。如腾讯研究院分析后得出下表所示。

用云量是衡量经济发展水平的新指标

	核心驱动力	核心特征	发展指标	产业角度		技术角度	
				第一阶段	第二阶段	第一阶段	第二阶段
第二次工业革命	电	电气化	用电量	消费领域	制造领域	电的发现	电动机
新工业革命	云	云化	用云量	消费领域	制造领域	互联网	人工智能

目前，消费领域已普遍“接入云”，广大网民已享受到云计算无时不在的服务，滴滴、微医、58 同城等众多明星企业的 IT 架构均置于云上；被 Facebook 以 190 亿美元高价收购的 WhatsApp，仅有 50 名员工，重要原因在于采用了 IBM 公共云业务，大大减少了 IT 人员投入。

然而，这只是云时代的初级阶段，及新工业革命的初级阶段。正如电由生活领域拓展到生产领域，从而进入新的发展阶段一样。工业云的应用和发展，将推动云计算进入新的发展阶段，继“插上电”之后，“接入云”将再次推动制造业的变革，加速新工业革命到来。

2. 人工智能的强载体

人工智能被称为“下一个数字前沿”，是驱动新工业革命腾飞的核心技术，而云计算正是人工智能的强载体。云 + 人工智能带来的改变类似电 + 计算机带来的革新。

六十多年来，人工智能的发展起起伏伏。近年取得了实质进展，迎来了新的发展高潮，对经济社会产生了巨大影响。突破人工智能关键技术障碍的是深度学习，而深度学习正是在云计算发展过程中取得了实质性进展。

深度学习鼻祖杰夫·辛顿在 2013 年一次演讲中指出，深度学习以前不成功是因为缺乏三个必要前提：足够多的数据、足够强大的计算能力和设定好初始化权重。云计算和大数据为深度学习算法提供了海量数据和近乎无限的计算能力，打破了这两个限制人工智能发展的主要瓶颈。值得一提的是，GPU 的出现加速了深度学习的数据处理速度。与只拥有少量内核的 CPU 相比，GPU 拥有上百个内核，可以同时处理上千个指令相同的线程。这意味着对神经网络的权重计算这种高度一致的重复并行计算工作，GPU 的处理效率有可能达到普通 CPU 的几十倍，从而可以高速有效地进行各种模式识别计算。①

正如我曾提到“未来就是在云端用人工智能处理大数据”。云计算、大数据、人工智能三者的发展相辅相成、相互促进、不可分割。云计算为人工智能提供坚实基础，是人工智能发展的必不可少的最强载体。

对于科技公司而言，云计算通过云端实现对软件、硬件和数据的分享，提供计算、存储和大数据分析工具，从而降低运营成本和市场进入门槛，增强市场竞争力，推动人工智能全面落地。

① 引自万赟《从图灵测试到深度学习：人工智能 60 年》，科技导报，2016-04-13。

除了利用云服务强化深度学习研究，科技公司还积极着手，将云和人工智能深度融合。例如，微软将云和人工智能作为两大战略支撑，Google 云计算业务成立了机器学习部门（Google Cloud Machine Learning），亚马逊亦将人工智能融入旗下的 AWS 云服务。

3. “云上之城”的新格局

城市是人类文明的载体。经济形态的更迭，必将重塑城市发展格局。

在农业社会，人们为了满足生活和灌溉需求，城市一般依河而建。人类最早的文明——四大文明古国，均起源于大河之旁。当时世界上最繁华的城市——华夏四大古都，均依水而建。西安有“八水绕长安”之说，洛阳则是“洛水贯其中”，南京“襟带长江而为天下都会”；北京虽没有大江大河，但也河湖沼泽密布，元朝定都后即翻修大运河，使得“江南北国脉相牵”。

如果说农业文明是大河文明，工业文明则可称为海洋文明。随着大航海时代来临，人类进入工业社会，全球化时代来临，国际贸易日益兴盛，港口城市因占交通之便利，超越内陆沿河城市，成为繁华之所在。纽约、东京、悉尼、新加坡、中国香港等城市迅速崛起为国际大都市；民国的“南有上海滩，北有天津卫”，则是因海而生。

传统的城市发展基于区位优势，依赖于江河湖海，“因水而生、因水而兴、因水而名”。

数字时代，互联网成为连接世界的新途径，成为构建城市竞争力的重要内容。未来的城市发展将是物理空间和网络空间的叠加交融。区位优势固然重要，但另外一个重要指标更加凸显，那就是用来衡量网络空间发展水平的新指标——用云量。经腾讯研究院分析得出如下表所示。

人类文明的演进路径

发展阶段	文明中心	实例
农业时代	沿河（生活、灌溉）	· 四大文明古国 · 中国四大古都 · 伦敦、巴黎、罗马 · 莫斯科、临淄、汴京
工业时代	沿海（货运、国际化）	· 纽约、东京、悉尼、新加坡、香港 · 上海、天津
数字时代	云上（智慧化）	· 硅谷 · 班加罗尔、贵阳

目前，商业组织的 IT 架构正加速向云端迁移，云计算逐步成为经济发展和智慧城市建设的重要驱动力。正如电的使用唤醒了工业革命的勃勃生机，云服务将使“计算”成为像水和电一样无所不在的基础设施。“用云量”成为衡量城市智慧化水平、经济发展水平的重要指标。

城市发展开始由“在水边”向“在云端”演进，未来的大都市必然是“云上之都”。有别于以往以物质资源和人口聚集为重点的城市发展方式，硅谷、班加罗尔、贵阳等地区和城市，正是基于网络空间的打造，以“云”代“水”，初步探索出了一条以智力资源和数据资源为重点的崭新的城市发展道路。

三、中国“互联网 +”制造的四大创新

当前，“互联网 +”制造已经通过工厂现场、企业 IT 系统、平台、用户和产品设备的互联，以“智能工厂”与“企业 IT 系统”为基础，实现了企业的智能化生产、用户的个性化定制、企业之间的网络化协同和产品的服务化延伸等诸多新模式、新应用和新业态，从而有效激发了制造企业创新活力、新潜力和新动力。

1. 网络化协同

协同制造原本不是新的概念，航空、汽车等行业实施企业内的协同制造已有十几年的历史。但是，云计算、大数据、移动互联网等新一代信息技术的发展却赋予了协同制造新的内涵和应用，企业间的网络化协同应运而生。

目前业界对网络化协同的认识尚不统一，有专家认为，网络化协同是指企业借助互联网或工业云平台，发展企业间协同研发、众包设计、供应链协同等新模式，能有效降低资源获取成本，大幅延伸资源利用范围，打破封闭疆界，加速制造企业从单打独斗向产业协同转变，促进制造业整体竞争力提升。

协同研发、众包设计、供应链协同等网络化协同模式正在推广应用，为传统制造企业高效、便捷、低成本的创新开辟新渠道。其中，又以研发、设计与供应链正在成为继营销环节之后与互联网融合的新热点，正在形成新型研发组织、设计模式与供应链体系，实现聚众创新、提质升效与协同共赢的效果。

（1）协同研发

受空间、资源、交易成本等条件制约，传统制造企业的研发设计主要在企业内部完成。网络化基础上的研发协同则是依托互联网和云平台，向全球企业和个人发布研发需求，通过虚拟交互和并发，实现多方用户、多个维度、并联式交互，让技术供需求双方零距离对接，形成网络化协同研发。

例如，海尔推出的开放创新平台——HOPE，是由海尔开放式创新中心开发并运营的大型开放创新平台。该平台面向全球所有的创新者和企业，以打造全球最大的创新生态系统和全流程创新交互社区为使命。

依托于海尔的全球十大研发中心和平台自身所整合的资源，海尔开放创新平台对接技术供需求双方，实现多方交互。同时海尔开放创新平台还能帮助用户实现从创意到产品的转化、提供创业者包含资金投资的项目孵化支持等功能。

（2）众包设计

众包设计是指基于互联网众包服务平台，将分散的中小型团队及个体设计专业人员的智慧与创意集聚到平台上，需求方可借此平台发布设计需求，以悬赏和速配等方式寻找到精准匹配的设计团队或个人，通过平台打通企业内部与外部创意合作渠道，帮助企业广泛吸纳外脑智慧，实现众包设计，提高设计效率和效果 。

举例而言，猪八戒网作为中国领先的在线服务市场和专业技能分享经济平台，聚集了超过千万专业技能人才和机构，已经有超过六百万家企业通过猪八戒网实现专业服务需求。例如上海奉浦生产性服务业功能区曾在猪八戒网上征集“贝壳状”汽车模型创意外观设计方案，一个月内共收到创意设计方案 158 个，总共仅花费六万五千元。又如，某石化厂通过猪八戒网对接设计团队，为其用 3D 虚拟现实成功制作采油厂和海上钻井平台的三维模拟设计。

（3）供应链协同

在全球经济下滑，传统制造业产能过剩等多重压力下，传统制造企业的生存空间面临巨大的压力。中国社会物流总费用与 GDP 的比率高达 18%，远高于全球 11.5% 的平均水平。[①] 因此，对于中国制造业而言，降低供应链和物流管理成本成为当前要务，这不仅需要企业单方面努力，也需要供应链上下游的通力协作方能实现。

① 数据来源：中国物流与采购联合会。

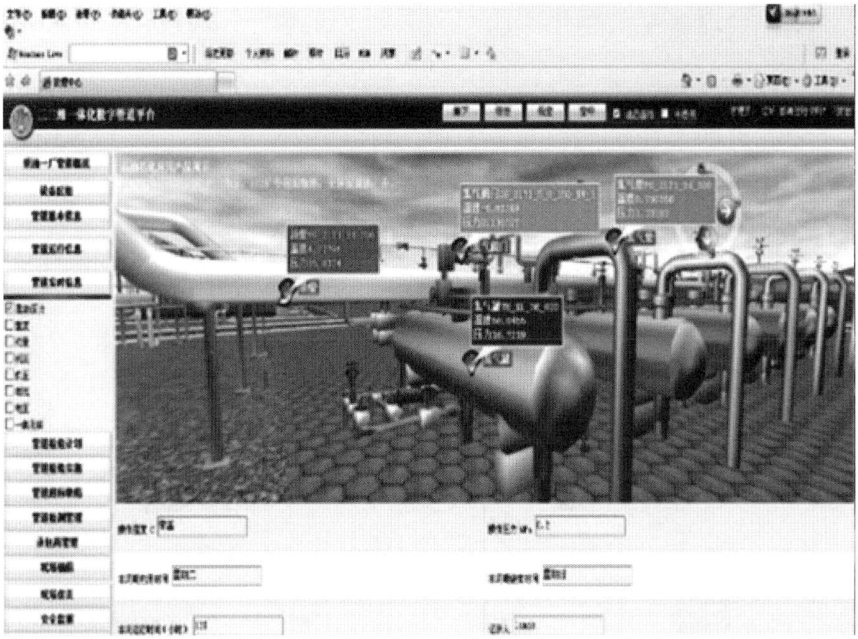

采油厂系统三维模拟

海上钻井平台三维模拟[①]

① 来源：猪八戒网。

虽然经过多年信息化实践，不少企业已经建立健全了各类信息系统，但在供应链协同上仍较为滞后，并未实现供需双方信息共享。绝大多数企业间协作还需要人工干预，通过电话、传真、邮件等非信息化流程实施协同，导致供需协作矛盾大，协作成本高，协作不畅已成为制约供需双方效率提升的主要障碍。

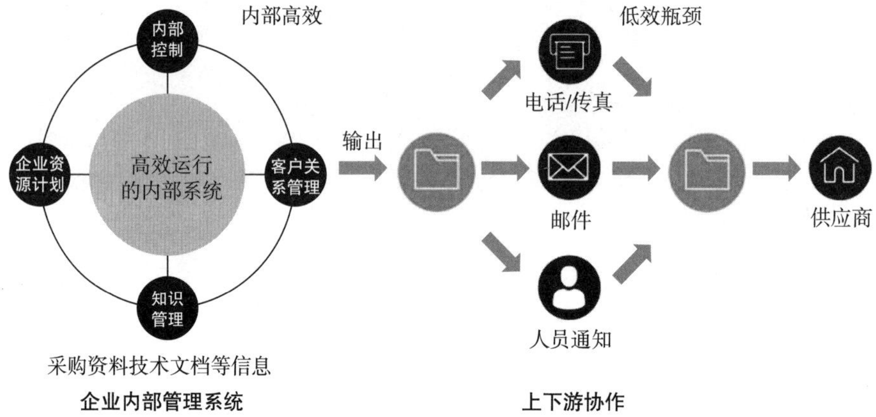

传统供应链模式下供需双方的痛点①

针对这些问题，亟待通过网络化的供应链协同来提升整体效率。近年来，易链网等第三方供应链协同平台快速发展，不断探索通过“互联网 +”实现供应链间的高效协同方案，为传统制造业突破供应链管理瓶颈提供基础。

2. 个性化定制

随着互联网、大数据、云计算等新技术加持下，柔性化生产能力与水平提升，推动个性化定制迅速发展。借助互联网平台，企业可与用户深度交互、广泛征集需求，运用大数据分析建立排产模型，依托柔性生产线在保持规模经济性的同时提供个性化的产品。

① 来源：腾讯研究院。

个性化定制是按照大批量规模化生产的成本和效率来生产多样性、个性化的产品，它通过互联网平台实现对用户的泛在连接，把用户需求直接转化为生产排单，凭借海量数据，利用智能化工厂以极低的成本、极高的效率生产个性化产品，实现按需生产和产销动态平衡。

个性化定制是传统工业过渡到智能制造阶段的重要标志之一。个性化定制是由个性化需求决定的，具有以下三大属性：

首先是循环性。每一个用户个性化需求的满足，都为下一次的定制提供了数据和资源，会促使更多样、更长尾的产品出现，从而形成循环。

其次是传导性。消费端需求的个性化变化，将传导到上游产业链，拉动企业对原料、材料、设备等多样化需求。即需求的变化将从产品功能、外观、性能等表层传递到材料、零部件、系统等更深化层面。

再次是扩散性。个性化定制需求的有效满足，将驱动更多行业提供个性化服务，使个性化定制理念、模式向多个产业扩散，个性化消费和生产将成为新时尚。当前以服装、家具、家电、汽车等行业为主。

整体而言，个性化定制有助于打破传统的渠道单一、封闭运行、单向流动的企业用户关系，有利于破解旧的需求定位策略、市场反馈滞后等问题。当前，已有多个领域开启个性化定制，未来按需生产、大规模个性化定制将成为制造业中殊多产业的发展常态。

个性化定制是“互联网 +”制造的新热点，正在成为传统制造企业创新的新模式。按照具体定位差异，个性化定制又可细分为三个模式，其中，大规模定制是主要针对群体需要，深度定制是针对个体需要，而众创定制是指众多客户共同参与互动。

（1）大规模定制

近年来，国内外制造企业紧紧抓住消费需求变化，研究基于互联网的大规模定制生产模式，积极推动传统制造模式的变革。从大规模制造到大规模定制，极大提高了产品附加值，使处于价值链底端的制造企业走向了高端，使高技术集成的汽车和高度个性化需求的服装等产品得以更加契合消费者的需求，个性化设计理念得到满足，真正实现了用户体验的无缝化、透明化、可视化。

（2）深度定制

当前，收入水平和消费能力提升带来消费理念的转变，特别是90后等新一代消费者迅速崛起，越来越多的人不再满足于千篇一律的产品，传统的产品研发生产模式已难以适应新变化，个性化、小众化、高端化需求快速释放，消费升级成为趋势，从传统的生存型、物质型消费向发展型、服务型等新型消费转变。

互联网、大数据等信息技术的普及应用，以及柔性化生产的进步，为制造业企业创新供给模式、满足新需求提供了解决方案。深度定制就是这一背景之下的产物。深度定制是指有效利用互联网平台，使用户与企业进行高效的一对一的产品交互设计，企业利用柔性生产线进行定制生产。深度定制不仅包括产品颜色、图案、外形和组合等重新设计和定制，还包括内部结构、功能增减等变化和定制。

例如，红领集团基于信息化对生产流程进行再造，提高深度定制生产的效率。消费者可在线自主选择服装的面料、款式、制作工艺等，企业实时接收订单，信息进入自主研发的数据库进行数据建模，自动转化为生产数据。生产过程中，每件产品都有单独的伴随生产全流程的电子标签，每个工位都配备红领自主开发的终端设备，从互联网云端下载并读取电子标签上的订单信息。这一模式既能满足服装个性化定制的需求，又能实现大规模工业化生产，得以实现深度定制。[1]

---

[1] 资料来源：红领集团。

（3）众创定制

众创定制更加关注用户的参与性，通过汇集用户智慧，降低产品库存和研发投入，提供创意的用户甚至可以获得可观的分红。近年来，海尔等制造企业积极通过互联网平台，邀请广大消费者共同参与新产品的研发设计，取得了良好的市场效果。

例如，海尔通过众创定制，让用户可以全方位、全周期实现最佳体验。传统的定制是硬件定制，一次性购买交易，海尔的定制提供生活场景的定制体验，可持续迭代。2017 年 4 月 26 日，海尔家电定制平台众创汇与海尔 U+ 智慧生活、海尔全球五大研发机构联合，在众多设计大咖和创客的支持下，正式启动智能家居场景设计大赛，邀请用户一起定制智能家居场景设计方案。

具体而言，首先从对智慧生活有个性需求和较强共鸣的母婴社群和家装社群两大用户群体切入，围绕厨房、浴室、起居、娱乐、安防 5 大典型生活化的应用场景，进行创意交互，由社群用户提出痛点，融合设计师、创客等智慧，将创意转换为设计方案，交由海尔内部研发制造资源和海尔 U+ 智慧平台进行生产。整体上通过众创模式，实现用户对智能家电家居的一体化定制需求。

3. 服务化延伸

中国制造业服务化水平低已经成为制约中国产业结构转型升级的障碍之一，制造业服务化延伸已经成为制造业创新能力提升、效率提高的重要源泉，也成为制造业中最具潜力的业务方向，需要加快制造业从生产型向生产服务型转变。

同时，随着工业产品复杂程度的提高，以及信息技术的蓬勃发展，也推动制造业服务化的发展趋势显现。其中，尤其以新一代信息技术发展为服务型制造提供了有力的支撑，移动互联网、云计算、大数据、人工智能等信息技术的逐步成熟和落地应用，推动制造业加快向服务化延伸发展。制造业服务化具有极强的活力和生命力，在向需求者提供“制造 + 服务”一体化解决方案的过程中，新商业模式、新业态的创新层出不穷，重构产业价值链，形成制造业与服务业融合发展的新型产业形态。

具体来讲，服务化延伸是指制造企业通过在产品中加入智能感应模块，实现产品联网与运行数据的实时采集，从而向客户提供多种增值服务，实现由卖产品向卖服务的转变，有效延伸价值链条，扩展利润空间。制造业向服务化延伸，能有效增强企业与用户的实时互动，使企业能更准确掌握市场需求、提高产品质量；同时，能够极大增强制造企业服务用户的能力，提高用户满意度和忠诚度；而且服务化延伸改变了制造企业的变现模式，可有效改善企业现金流，形成差异化竞争模式，有望成为制造业竞争优势的核心来源。

因此，当前的制造业正在积极探索由传统的产品为中心向以服务为中心的经营方式转变，通过构建智能化服务平台实现智能化服务，未来有望成为新的业务核心。

目前的服务化延伸主要包括两个主要模式，一是企业不出售产品，而是通过在线平台提供产品服务，如在线租赁机器设备、无人机服务等；二是产品销售后，保持对其进行智能化在线服务，如预警维修等。

（1）面向使用过程的产品智能化服务

无人机、智能网联汽车、数控机床等是在服务化延伸领域典型的创新型数字产品，它们的“人—机”或“机—机”互动能力强，用户体验性好，甚至可以代替或者辅助用户完成某些工作，因而具有较高的附加值。

以无人机为例，其智能性主要通过产品使用过程中的自主决策（如环境感知、路径规划、智能识别等）、自适应工况（控制算法及策略等）、人机交互（多功能感知、语音识别、信息融合等）、信息通信等技术来实现。因此，这类产品的服务化延伸发展很快。

又如，沈阳机床集团通过租赁方式，实现服务化延伸，为客户提供多样化的增值服务，探索从设备制造商向综合服务商转变。作为国内最大的机床生产企业，沈阳机床集团 2011 年至 2013 年经营规模连续三年在世界机床行业排名第一。2014 年发布的 i5 智能机床是网络化、智能化、集成化的数字化产品，可实现操作、编程、维护和管理智能化。为此，集团还成立了融资租赁公司，为中小企业零成本提供智能机床。

沈阳机床集团通过服务化转型，实现“零元购机 + 在线分享”。2016 年 i5 智能机床有七成客户采用租赁，按每个小时 10 元钱收费或按加工量收费。租赁方式降低了企业一次性投资，提高了市场需求，2016 年市场销量增加了 300%。仅深圳市企业就累积租赁多达 5000 台 i5 智能机床用于加工华为、小米等手机壳及外观件，合同额达到 10 亿元。

通过制造服务化模式打造，沈阳机床集团已逐渐转型为系统解决方案提供商、工业制造服务商，形成机床融资租赁、智能工厂、经营性租赁等全新商业模式。同时集团还在深圳、河北为客户开建了多家智能工厂，提供从机床到生产线设计等全流程服务。通过服务化转型，沈阳机床集团引领行业商业模式创新，打造“互联网 +”中国制造的模范样本。

（2）面向服务过程的产品智能化服务

对于工程机械、航空发动机、电力装备等产品，远程智能服务是产品价值链中非常重要的组成部分。这类型的服务化延伸，主要指通过智能传感器将机器设备的运行状况、环境参数等信息直接反馈到生产厂家，使厂家实时了解其运行信息，并通过数据建模分析、专家诊断等方式，提前预判故障风险并给出相应解决方案，使过去被动维护或凭借经验开展的定期维护转变为按需提供的主动服务，有效节约运维成本，降低用户损失。

例如，“三一根云”平台为工程机械提供远程监控和预测预警等服务。

“三一根云”平台与多家企业合作，覆盖高空作业车、农业机械等领域，依托根云平台“云端＋终端”建立了智能服务体系，实现工程机械全生命周期管理，通过端到端的价值输出，为需要物联应用的工业企业，提供从硬件接入、电信网络流量购买、机器间通信、云资源编排、大数据处理到物联应用开发等打包解决方案，实现价值的延伸。

具体而言，平台通过链接千亿级资产以及近 30 万台各类工程机械设备，经过腾讯云的大数据分析与云存储处理，实时采集近 1 万个运行参数，利用云计算和大数据，远程管理庞大设备群的运行状况，不仅实现了故障维修 2 小时内到现场、24 小时内完成，还大大减轻了备件的库存压力。

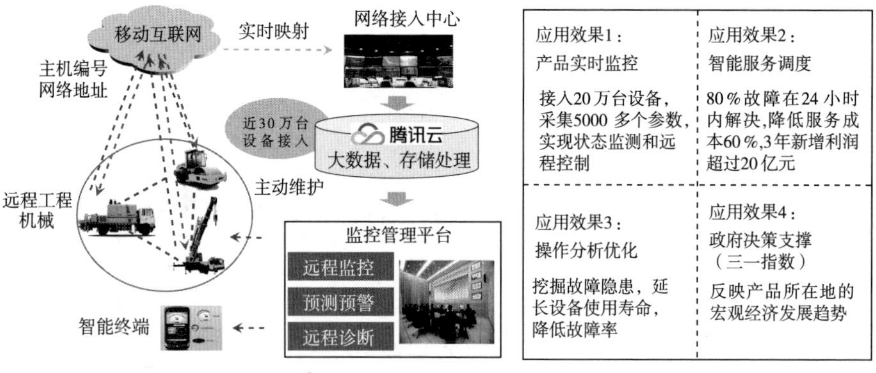

三一“根云”平台及其应用效果[①]

① 来源：腾讯研究院。

这类服务化延伸，在海外也已成为趋势。通用电气（GE）位于美国亚特兰大的能源监测和诊断中心，收集全球 50 多个国家上千台 GE 燃气轮机的数据，每天的数据量多达 10G，通过大数据分析，对燃气轮机的故障诊断和预警提供支撑。而为了实现上述的远程智能服务，通用电气对于其产品内部嵌入了传感器、智能分析与控制装置和通信装置，从而实现产品运行状态数据的自动采集、分析和远程传递。①

除此之外，一些食品制造企业也在利用互联网技术，构建覆盖全流程的可视追踪溯源服务，以打造食品透明化产业链，来保障食品生产、经营、流通的可视化、透明化。

4. 智能化生产

在全球“互联网 +”制造的浪潮下，智能化生产已经成为未来制造业发展的重要方向。新一轮的制造业变革通过物联网的泛在连接，大数据及云计算技术发展，以及工业机器人、机械手臂等智能设备的广泛应用，从而实现生产过程主要由机器进行智能化生产，人员进行辅助工作。

具体而言，智能化生产是指利用先进制造工具和网络信息技术对生产流程进行智能化改造，实现数据的跨系统流动、采集、分析和优化，完成设备性能感知、过程优化和智能排产等智能化生产方式。

实现智能化生产的重要方式之一就是打造智能工厂。欧美国家最早提出了智能工厂的概念。在信息物理融合系统（CPS）的支持下，制造业能够实现生产设备网络化、生产过程透明化、生产现场无人化、生产数据可视化，做到纵向集成、横向集成和端到端的集成，实现优

---

① 引自《智能制造时代的工业大数据分析——基于物联网的八大工业大数据与应用场景》，智慧工厂，2015-11-15。

质、高效、低耗和灵活的生产，从而建立基于大数据和互联网的智能工厂。

近年来，中国以海尔、广汽传祺、五家渠石化等为代表的制造企业，以“智能制造”为主攻方向，通过建立智能工厂，实现数字化、网络化、智能化转型。

例如，新疆五家渠现代石油化工有限公司是一家以生产经营润滑油及特种油品等产品的新型石油化工企业。实践“互联网+”制造，五家渠石化以“智能制造”为主攻方向，打造智能工厂，通过各类信息物理系统的建设和集成应用，建立全面覆盖企业采购、生产、销售等全过程的互联网应用系统，推动生产方式和服务模式的创新，建立数字化、智能化的生产运营新模式，以及集约化、一体化的经营管理新模式，构建以客户为中心、以互联网为载体的商业新业态。

主要做法包括以下三大方面。

第一，以智能工厂建设为目标，建立全面覆盖企业采购、生产、运营等业务的生产执行系统（MES），通过计划调度、操作优化、设备管理、应急联动、协同办公等工具，帮助企业优化资源配置，整体实现工业化和信息化的“两化融合”。

第二，采用工业互联网、物联网、大数据分析等新一代信息技术，实现工厂底层自动化控制系统（DCS/PLC）、中层生产执行系统（MES）及上层管理信息系统（ERP）的深度集成，把产品、机器、设备和工人有机联系起来，通过数据共享，实现产品全生命周期的数字化和全制造流程的智能化。

第三，建设工厂级的智能控制平台、智能管理平台和智能决策平台，逐步实现数据采集自动化、操作执行信息化、业务协同集成化和经营决策智能化的目标，打造“智慧生产、卓越运营”工厂。

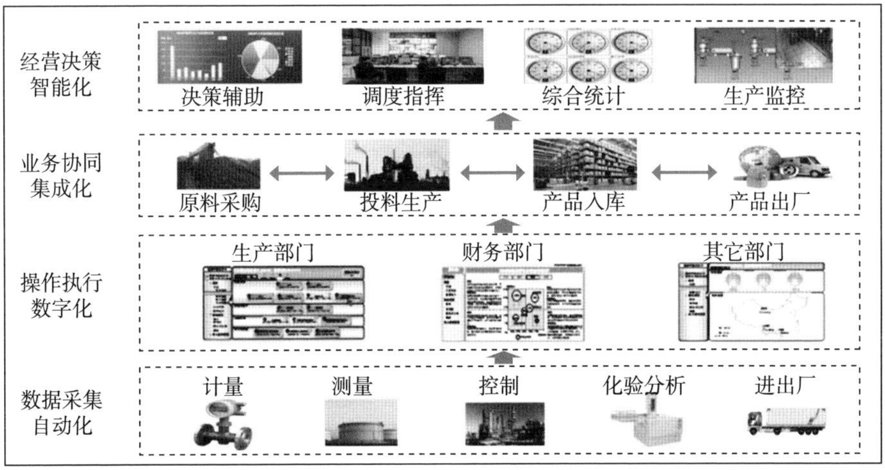

企业智能工厂层级架构和主要功能

通过上述智能工厂建设项目的实施应用，主要在以下方面效果明显。

首先，通过打造智能工厂，将工程建设和智能化系统建设深度融合，减小了建设成本。利用集中统一的智能化系统，统一落实各项管理方式，支持了全新的生产经营管理模式。同时，实现实时化、可视化和智能化的运营管理，使原本需要大量人员的工作完全由智能化的生产管理平台取代。初步估算，智能工厂应用减少约 40 至 50 人的岗位编制。而且，能够支撑核心生产业务优化，降低企业成本，实现智能化生产运行。经估算，应用智能工厂将使企业生产装置运行平稳率提高 6% 以上，产品质量合格率提高 5% 以上。

未来，智能工厂的应用将极大改变石化企业传统的运营模式，使企业的生产经营、生产执行、生产控制等各个环节协同配合，管控一体，全面实现敏捷制造、智能生产和精细化管理，显著提升管理效率和经济效益。

智能工厂建设将是一项复杂的系统性工程，涉及研发设计、生产

① 来源：国家发展和改革委员会。

制造、仓储物流、市场营销、售后服务、信息咨询等各个环节，需要企业立足于围绕产品的全生命周期价值链，实现制造技术和信息技术在各个环节的融合发展。虽然大型制造龙头企业已经规划布局智能工厂，但总体上，中国的制造业智能化生产水平还比较低，未来还需要通过智能工厂建设，大力推动智能化生产的创新发展。

整体而言，中国“互联网 +”制造是以制造企业转型升级为核心，以互联网为支撑和引领，由环节渗透向综合集成稳步演进。以智能工厂为载体的智能化制造正在起步，以资源共享为基础的协同化组织应用广泛，以满足个性需求为导向的定制化生产平稳发展，以提升用户体验为目标的服务化延伸快速普及。

当前中国制造业仍处于工业 2.0 和工业 3.0 等不同阶段共存的时代，每一种模式都兼有智能化和非智能化的因子。未来随着“互联网 +”制造的深入普及，制造模式都有望建立在智能化生产基础之上，具有更大的展望空间。

第四篇

社会普惠

- 平台红利，开启政务服务新生态
- 人人可公益，互联网公益新力量

第六章

平台红利，
开启政务服务新生态

如何破解公共服务的供需矛盾、提升服务效率、质量和均等性，是各国政府面临的普遍性难题。在中国，“互联网 + 政务服务”的蓬勃兴起提供了一种有效的解决方案。科技与民生的结合日益紧密，产生的影响力，已经远胜从前。中国政府率先利用移动互联网把“人与公共服务”全面连接起来，让更多的人可以享受到技术带来的便利与高效：在手机上滑动指尖 30 秒处理交通罚单、预约挂号、查办出入境服务、支付水电煤费用、投诉举报等。可以说，中国是“互联网 + 政务服务”红利输出最广泛的国家。截至 2016 年底，中国使用在线政务服务的人数超过 2.3 亿，[1] 远超全球其他国家和地区。互联网技术让中国的智慧民生呈现出全新面貌，并走在了全球前列。

---

① 引自 CNNIC 第 39 次《中国互联网络发展状况统计报告》。

一、从人随服务走，到服务随人走的场景革命

科技正以前所未有的速度广泛融入并改变着我们的生活。截至2017年6月，中国手机网民规模达7.24亿，占全体网民的96.3%，人均每日使用时长为3.8个小时。[①] 如此广泛的使用人群和频率，不断吸引着办公、娱乐、购物、学习、看病、理财等越来越多线下服务被放到线上场景来完成。我在多个场合提到：未来互联网的发展，场景将是最重要的要素。而智慧民生就是中国发生在指尖上的一次政务服务的场景革命。

1. 政务服务开启O2O模式

与欧美等西方国家的用户相比，中国用户更趋向于使用智能手机处理日常事务，已先行培养起移动应用为先的使用习惯。这几年，基本上90%的信息流量都已经通过手机和用户、服务连接起来。而四五年前，还是以PC互联网为主。有了移动互联网才有中国在互联网方面的领先和崛起。拿支付来说，中国有4.63亿网民在线下消费时使用手机进行支付，远超出其他国家和地区。

在商业产品使用习惯熏陶下，用户获取政务服务的入口也从传统线下政务大厅、政府网站向移动平台转移扩散。经CNNIC调查统计，微信城市服务、支付宝城市服务、政务微信公众号等移动平台的使用率要普遍高于政府网站。基于移动互联网的“O2O”模式正在成为一种基础和本能的政务服务形态。以上海为例，累计有超过600万的市

① 引自CNNIC第40次《中国互联网发展状况统计报告》。

民通过市民云、微信城市服务入口进行社保缴费、查询纳税记录和信用报告、处理交通违章、预约挂号等，规模已占到上海市常住人口的27%。

移动互联网改变了政府服务的模式，使“让人随服务走，到服务随人走”成为现实。无处不在的连接通过“信息跑腿”，有效缩短了服务触达用户的路径。这也是用户优先选择移动平台的重要原因。据统计，通过微信小程序预约排队的访问量是中国农业银行其他网上渠道的 4.24 倍。移动入口的价值可见一斑。

2. 新用户，新需求

每一个身处互联网行业的人都常会陷入一种巨大的危机感，产品和用户需求变化之快，对研发技术能力的依赖之深，都是史无前例的。只要用户没兴趣了，就有可能会被淘汰掉，这是互联网行业的残酷之处。

作为智慧民生的直接获益者，用户行为习惯的变化也是推动政务服务场景由线下向线上转移的重要原因。腾讯研究院在 2016 年 4 月曾做过一次线上调查，发现 70、80、90 和 00 后是微信城市服务的主体用户，占比超过 6 成。这部分人群或在互联网环境中成长起来，或掌握和熟练操作各种移动应用，也就是常说的数字原生代和数字移民。这部分人群，尤其是 95 后、00 后人群的需求是什么？我们每天都在研究。

智能手机是 95 后最亲密的伙伴，渗入了他们日常生活的大部分场景。他们具备特立独行、注重个性化需求、有较强付费意愿、喜欢通过弹幕表达和分享自我等特征。在互联网的“浸泡”下，他们对互联网的感知成为本能，认知模式和行为都发生了变化：习惯快速接受海量信息、喜欢根据自己习惯和偏好使用平台、对网络延迟容忍度几乎为零、愿意尝试新兴事物和技术等。

移动政务的用户年龄结构[1]

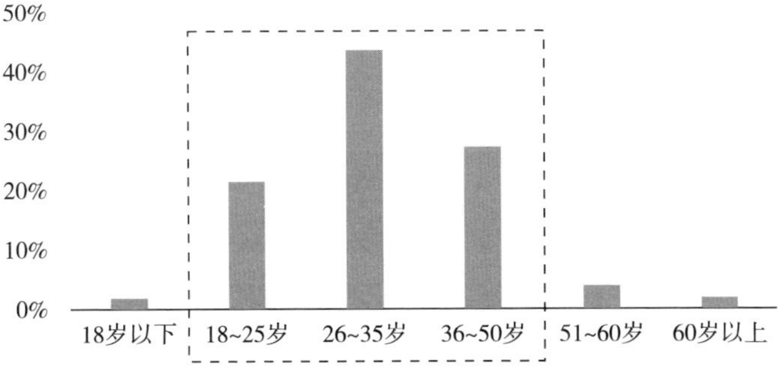

这类数字原生代用户对移动化、一体化和泛在化的政务服务提出了强烈需求，像订餐、打车、购物一样便捷地获取政务服务正在成为“互联网 +”时代的用户办事期待。用户习惯跨终端、跨平台地获取相同服务，政府服务多渠道输出就成为常态，从政府网站 + 两微（政务微博、政务微信）一端（新闻客户端），扩展到 N 端：微信城市服务、支付宝城市服务、今日头条政务头条号、小程序、政务企鹅号等平台和应用。

政务服务的主要平台[2]

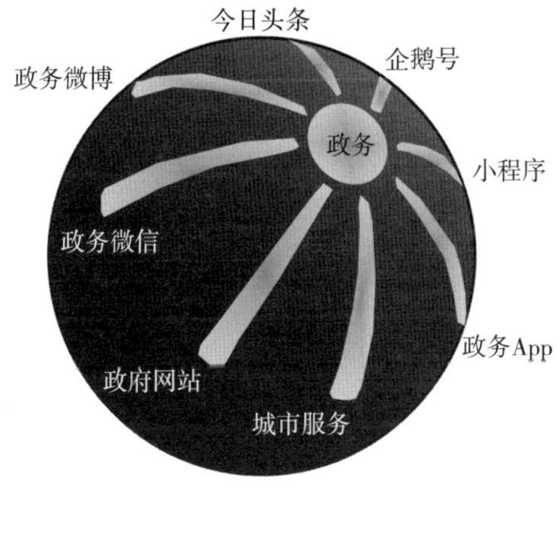

① 来源：腾讯研究院。

② 来源：腾讯研究院。

3. 无处不在的服务场景

场景已经在商业领域被充分重视。用户在特定场景通过某个产品使用服务并产生数据，就是应用场景。共享单车的应用场景就是在马路上通过共享单车获取出行服务，并产生出行路径的数据。

一直以来，受时间和空间所限，政务服务的应用场景一般都是固定且集中的：即在指定时间、指定地点（线下行政办事大厅或政府网站）办理。即使是基于 PC 互联网，也多是通过建设统一平台把尽可能多的服务功能线上化，而难以根据不同场景下用户的实际需求来设计流程、功能。

智能手机的大规模普及将人们的时间碎片化分割，信息无处不在，服务行为变得移动分散。基于场景提供政务服务就变得非常有必要。

移动互联时代，无处不在的连接使得线上和线下被无缝对接，信息和服务形成畅通流转的闭环，服务场景变得无处不在。从线下到线上、从 PC 平台到移动应用、从政府网站 / 自有客户端到第三方平台，从部分环节到全流程，移动政务服务的应用场景不断丰富和延展：在微信里预约挂号、用小程序开具电子发票、在支付宝里缴纳水电费、在今日头条浏览国家发布的重要文件等不一而足。

以社保为例，全国超过 120 个城市的公众可直接在微信上进行社保查询。通过将查询、支付等服务流程移动化，无疑有助于解决用户排队时间长、查询不方便、结算繁琐等民生服务痛点。例如，通过长沙 12333 实名身份认证的微信用户，打开长沙 12333 微信公众号，就可以直接进行社保缴费，整个过程只需 5 个步骤、20 秒钟，免去了去传统银行柜台或人社局办理事务柜台 1—2 小时的办理时长。

2017 年 5 月起，深圳市的退休人员即使没有任何互联网或智能手机使用经验，都可以足不出户，在家人帮助下通过人脸识别技术“刷脸”验证，完成养老金领取资格在线认证流程，完全摆脱了只能去线下窗口认证的传统制约。不光如此，人脸识别技术在户证办理、居住证办理、金融举报等场景也在逐步应用。新兴技术与政务服务的嫁接，拓展出了新的便民服务场景，应用层次更为丰富，进一步提升了人性化、定制化的服务基础。

二、基于超级入口的强连接

过去几年，我在各种场合会提到“连接”这个词。连接是互联网的基本属性，从人与人的连接，到人与服务、人与物、物与物的万物互联。我之前曾预测微信今后会成为越来越称职的智慧生活助手。实际上，不仅是微信，支付宝、QQ、今日头条等这些具有超级流量的商业入口，凭借天然的场景化优势和用户基础，在政府信息公开、连接人与公共服务方面也展现出了极大潜力。

这些超级入口作为连接器，已成为用户在虚拟世界的统一 ID，不断整合容纳新功能，并连接起用户的大部分工作、社交、生活购物、办事场景。这些平台的应用广泛性和强互动性使其成为促进公共服务供给从 PC 平台向移动平台迁移的重要因素和驱动因子。国务院发布的《关于加快推进“互联网 + 政务服务”工作的指导意见》对移动平台的价值给予了充分肯定。

1. 用户在哪里，入口就在哪里

用户在哪里，服务就要延伸到哪里。

电子政务建设一直以来也在适应这种需求。从行政办事大厅、门户网站到移动平台，从自建 App 到第三方平台，政务产品根据用户需求和应用场景的日益多元，发散式嵌入到各类终端、应用和平台。

从近几年趋势看，政府网站集约化发展，全国数量从 8.4 万家减少到 4.3 万家，政务微信公众号、政务头条号、城市服务则保持快速增长。一个数据是微信城市服务用户量已经超过 4 亿。另一个数据则是，国务院客户端在发布后的 10 个月时间内下载量超过 2000 万，成就近 10 亿的“两微一端”总阅读量。

这两组数据，其实反映了移动平台作为“互联网 + 政务服务”重要入口是大势所趋。不同于线下实体的行政办事大厅，移动平台不存在空间上的限制，它的覆盖能力可以超越地理制约，并且其边际效用不存在递减趋势，可以实现一对多的服务。未来，移动端的政务服务比例还将进一步提升。

同时，这组案例也反映了政务服务入口两级并存的局面，一种是以微信、支付宝、微博、今日头条等超级入口为代表的“中心化”模式，另一种则是“去中心化”的入口，比如自有 App、新闻客户端、小程序等。

中心化模式，即平台汇聚大规模用户、服务运营方，进行服务分发。自 2012 年 8 月 17 日，“微信公众平台”推出以来，微信已从单纯的移动社交应用发展成一个以移动设备为接口，连接线上线下的大平台。相比其他平台，微信公众平台以其庞大的用户规模、较低的搭建成本、开放的生态体系为移动电子政务发展预留出极大的创新空间。截至 2016 年底，政务微信公众号数量已超 14 万个。同样基于微信平台的统一服务入口——微信城市服务，累计 2017 年 12 月底，已累计服务用户超过 4.17 亿，覆盖城市达到 362 个。

相比自建 App 模式，基于这些超级入口提供政务服务，有五大明显优势：

第一，政务民生服务作为一款刚需低频产品，将其嫁接到微信、支付宝这些成熟的平台，既可以避免下装安装，又节约了用户寻找服务入口的时间和精力。

第二，以用户为中心。当前云计算、大数据、移动应用等新技术成为政务服务发展必不可少的支撑要素，但实践层面的变革思路上存在着“技术导向”的倾向。而超级入口对应用这些技术解决填表多、耗时长、重复提交等业务痛点有着较深理解，在设计上更加科学、人性化，用户体验更加接地气。

第三，服务路径更短。在“互联网+”的背景下，如何让用户便捷、快速地获取服务是政务服务平台建设的关键。遵守商业领域“少即是多”的原则，把“藏”在网站后面的那些高频查询信息和办事功能，以最简洁方式高效“拉”到前面来，尽可能减少和优化不必要的环节，并结合位置服务、语音、视频等技术构建具体的应用场景，真正实现“所见即所得”，用户学习和使用成本大幅降低。

第四，持续迭代更新。与传统大而全、一劳永逸建平台模式不同的是，移动平台更多主张试错和迭代思维，在建设和运维过程中根据用户实际需求和反馈意见不断拓展功能、整合资源、提升用户体验。

第五，突破了PC时代政务服务平台的“流量困境”与“用户困境”，超级入口有广泛的用户基础，用户可以根据自身需求随时获取城市服务，政府部门只要做好后台流程与数据对接，有利于政府部门更广泛地获取用户、提升服务的触达率，从而达到普惠用户的目的。

另一方面，万物即入口，政务服务入口又分散在各个垂直应用上。拿政务信息发布来说，过去需要去登陆官方门户网站或政府自有App，现在新闻客户端、企鹅号、小程序等都可以获取第一手政务公开信息。这就是去中心化模式，服务触点在用户的生活场景中无处不在。用户不再关注“服务来自什么渠道”，而更注重“我能获取什么样的服务”。

2. 从信息公开，到移动即服务

2009年底，中国第一个政务微博投入运行。历时8年，截至2016年底中国已开通认证的政务微博数量164522个，2016年共发博文7469多万条，总阅读量超过2605亿次，总互动量超过51亿次。[①]政务微博不仅改变了政府信息的生成演变机制和传播格局，也创新了中国政民互动方式，在政府信息公开、新闻舆论导向、了解民意、政民互动等方面起到了积极作用。

而这只是一个开端。2012年9月，全国首个政务微信上线，开启中国政务新媒体“两微一端”时代（政务微博、政务微信和客户端）。微信点对点、点对面强互动的传播特性，更能满足社会公众对政府信息公开即时性、互动性的需求。微信能够直接将信息推送到用户端，到达率理论上达到100%，成为政府网站和政务微博信息转发和传播的精准渠道。同时，微信特有的对讲功能，以及图片、文字、声音、视频的富媒体传播形式，也能使得信息发布形式更加活泼，便于吸引用户关注和分享。

联合国经济和社会事务部用“连接型政府”的概念来描述性价比最高、能提供最优质服务的政府形态，并将其由初级到高级划分为五个发展阶段：初级型，加强型，互动型，转型期，连接型。依照其划分特征，当前中国政务已经处于转型期的发展阶段。

“连接型政府”的五个发展阶段[②]

发展阶段	主要特征
初级型	静止的，单向的，极少的市民参与
加强型	更多作为信息公开的渠道

① 引自《2016政务指数·微博影响力报告》。

② 来源：联合国经济和社会事务部，《移动电子政务》，2011年。

续表

发展阶段	主要特征
互动型	增加互动渠道，应用多元化媒体（地图、视频、社交网络），通过移动媒介发布预警信息
转型期	政府和市民之间双向沟通，24*7 的提供支付注册下载等服务，多媒介和平台传达
连接型	积极回应市民需求，紧密连接后台基础建设，内部数据打通，市民极大程度参与政府决策

与政务微博有所不同，政务微信结合自身特点，更为注重“微服务”的实现。政务微信点对点服务和事件处理能力的优势，为政府提供了一个全新的做好公共服务的渠道和平台，主体功能从“发布”升级为“服务”，“查询”升级为“办事”，“分散”走向“统一”，移动端的服务型政府就这样在微信平台上被构建起来。

从帐号职能看，政务微信的办事能力不断增强。微信公众号后台强大的事件处理能力为政府等相关部门带来了一个提供公共服务的新渠道。公积金、人社、医疗、交通、公用事业、党委政府办、旅游、税务、司法、民政等是服务号占比最高的前 10 个领域。这些领域很多诸如开具户籍证明、违章查询、缴纳公共事业费、医院挂号、公积金查询、车票购买、违法举报、办事咨询等非必要到现场办理的线下业务先后被搬到微信上，并通过位置服务、预约服务、线上支付、进度查询、评价投诉等功能，实现全流程、闭环式的微信办事。其中，尤其以公安、医疗、公共事业缴费、交通等服务面广、百姓需求旺盛的服务，率先实现。这不仅为行政机关的服务窗口节省了人力和物力，还节省了公众出行、排队的时间，政府服务效能和公众满意度都得到很大程度地提高。

升级仍在继续。

在微信城市服务这个概念还没有提出来之前，广州市政府政务管理办公室信息中心主任梁文谦对微信团队提出一个大胆的建议：能不能把广州不同部门申请的服务号整合到一个服务号里面？初衷是希望搭建一个统一入口，把分散的政务服务能力集中起来。这与我们业务团队的观察不谋而合。经过思考和观察，业务团队发现政务微信公众号及其提供的高价值服务大多是沉淀在城市这个层级的。

2014 年底，微信城市服务平台上线。

梁文谦发现，城市服务把原来隐藏在不同服务号里的服务功能，组装成更简洁、更高效的门户一样的入口，直达用户手机。解决了很多政府部门面临的一个难题：把碎片和分散的服务号集中起来。

从强调信息发布，到互动交流，再到在线办事，直至政务服务与数据开放，政务服务平台的发展趋势正在从单纯存在于线上的“信息服务”转向线上与线下结合的“信息即服务”“入口即服务”。城市服务通过统一入口、统一标准和体验、开放平台，为政府部门提供了一套全新的解决方案。“用开放的平台和互联网的思维，重构政府的服务。把面向群众的多种政务服务能力有机整合起来，通过不同的渠道，以相同的标准来服务。”梁文谦说，“以一致的标准和体验，通过线上和线下的渠道发布出去，无论老百姓在什么时间、什么地点、什么渠道，所能享受的政府服务是一致的、公平的、清晰的，这才是真正的智慧城市中的体验。”

3. 建立用户和服务之间的强连接

早在十几年前，我们就听到各地不断在提一个词——智慧城市，各地政府和机构都投入了大量的资源进行信息化改造。但是，对于这么庞大的信息系统，用户很难以最便捷的方式进行触摸和感知，因为当时我们缺乏一种能够第一时间把服务送到用户手中的途径。

如果用服务直达用户效率来评判连接强弱，之前人与公共服务的连接是一种弱连接。而现在，随着智能手机的普及和微信的广泛应用，连接最后一公里成为可能，用户可以真正做到“随需而用”，触发人与公共服务的强连接。

相比信息传递，高价值服务更容易与公众建立起强连接。以政务微信数据为例，假设每一次点击都表示用户使用了一次服务，然后把所有服务号按使用频次递减排列起来（使用频次高的服务在前，低频在后），发现前10类服务（占服务种类的19.2%）的使用频次累计占到总量的80.1%，基本符合“齐夫定律”，即80%的使用频率被20%的服务所占据。这10类服务分别为税务、公安、旅游、气象、文体广电、教育、商务、住建、人社和党委。从用户访问量看，交通违法、公共交通、出入境、医疗、气象、人社、高速服务、车船票、生活缴费、税务的服务最受用户关注。全国有超2400万的用户在微信上查办交通违章。预约挂号、加油、社保查询、汽车票等服务的用户量也超过千万。而用户再次使用该项服务的频率也很高，2016年底，中国351个城市平均用户回流率已提高到25.36%，即每月有2.5成的用户会在下个月再次使用同一项服务。其中，深圳、广州等头部城市的回流率最高，达到4成。[①]

德国著名哲学家尼采称“评价就是创造”。在微信城市服务平台上实现实时反馈机制，则是人与公共服务从弱连接到强连接的另一个触发点。

在线评价是互联网推动商业民主化的重要内容，大众点评网凭借“用户点评”一个支点即撬动了餐饮行业顾客流向。用户评价使原来的“卖方优势”转变为“买方优势”，用户有权对自己不满意的产品和服务给出“差评”，这是互联网赋予用户消费主权的主要特征。传统的政务服务质量评价依靠的是内部考核，而“互联网＋政务服务”的最大

① 引自腾讯研究院《2017互联网＋数字经济指数》。

创新是引入用户参与的评价机制，让用户来决定服务质量的优劣与取舍。用户评价机制的介入不仅激发用户的活跃度，同时将倒逼政务服务质量与体验的提升，真正推动政务服务由“政府向我”走向“政府与我”，利用众智创新服务内容。

三、一场没有终点的马拉松

全球电子政务的发展重心正跨越信息发布、政务互动，步入公共服务改善和创新阶段。中国政府各部门正在上演一场技术与政务服务和政府管理的融合创新。

1. 科技广泛应用的盛宴

我们生活在信息科技广泛应用的时代。当今文明社会的每个角落都能感受技术带来的便利和高效，日常生活的每分每秒都和信息科技有关。你不仅可以基于它进行社交、购物、娱乐，它还可以帮你预约出租车、预订酒店、管理你的家用电器等等。信息科技也用于管理生产线、支持金融系统运转、支持交通调度，甚至是用于地震等重大自然灾害的紧急救援。

今天我们面临许多难题，而信息技术就是解决这些难题的关键。各国政府部门都在加快数字化转型的步伐，云计算、大数据、人工智能、区块链等技术在政府领域的应用达到空前热度。大多数国家和地区每年的 IT 支出都达到千亿美元的量级。而中国电子政务总体投资规模也保持了 15% 以上的增长速度，远高于 IT 总体支出的增速。

信息科技发展如火如荼。中国互联网发展的 23 年中，数据处理能力遵循“摩尔定律”高速发展。全球考量公司大规模计算综合能力的赛事 Sort Benchmark，素来有计算奥运会之称，其中有一个项目叫 Gray Sort，主要是考量如何在最短的时间内将总量 100TB 的 1 万亿条无序 100 字节纪录，从小到大进行排序。往年冠军几乎都是被美国企业所垄断，而最近三年都是被百度、阿里巴巴和腾讯指摘。腾讯云是 2016 年的冠军，用时 98.8 秒，相当于每分钟处理 60.7TB，而上一年冠军的成绩是 18.2TB / 分钟。从这组数据看出，中国计算能力已经走到了世界前列。不光如此，全球每年产生的数据量都会翻番，2016 年产生的数据量和人类直至 2015 年的整段历史的数据量相同。而中国毫无疑问有望成为数据第一大国和数据中心。

信息科技在当前中国部分领域应用已经走到了世界前列。这在当下最新的通信和消费模式上表现得最为明显。微信及 WeChat 每个月就连接了 9.8 亿用户，用户每天在微信朋友圈和 QQ 空间上传的图片超过 10 亿张，腾讯定位服务日均调用量超过 500 亿次。中国通过手机来进行的第三方支付占交易总量的 75%，远高于美国 20% 的比例。零售服务 40% 都是通过第三方支付公司付款，美国第三方支付目前在零售业只占比 7%。[①]2017 年春节除夕，微信红包总量达到 142 亿个。从全球水平来看，中国网络零售的比重已超过全球平均水平。《中国电子商务报告 2016》显示，2016 中国移动购物在整体网络购物交易规模中占比 70.7%。

技术进步也在推动其他领域的发展。

中国正在大力发展“互联网 +”制造，推动制造业的数字化升级。针对前沿技术领域的人工智能，中国累计融资 635 亿元，共有 592 家创业企业专注于该领域，在基础层、技术层和应用层均有布局。[②]

---

① 引自高盛《中国金融科技的崛起之支付篇：生态系统之门》，2017.8。

② 引自腾讯研究院《中美两国人工智能产业发展全面解读》，2017.8。

在公益领域，互联网让公益人人可及，并通过社交熟人网络，将公益慈善行为的影响力成倍放大。过去10年，累计共有1.4亿人通过腾讯公益平台捐款超过30亿元。从2015年开始，参与运动捐步人次超过4.8亿次，筹款总金额超过6.5亿元。

而在政务领域，技术进步的力量同样显现。李克强总理提出大力推行“互联网+政务服务”以来，刷新了中国政务服务的发展理念，政务服务的模式、渠道、平台等发展骤然增速。“互联网+”战略的全面推进、“放管服”改革的不断深入，以及C端公众需求的激活，中国“互联网+政务服务”正迎来重要的发展节点，政务服务的互联网化发展进入深水区，“互联网+政务服务”正在由一项便民利民的发展举措，升级成为激活经济社会发展动能与集聚民间创新激情及智慧的重要杠杆。

2. 技术与政务的融合没有终点

关于技术创新对公共服务的价值和应用方向，《国务院关于“十三五”国家政务信息化工作建设规划的批复》给出了思路：打破思维惯性，充分利用新技术、新模式、新理念优化工作流程、创新业务模式、改革管理制度、强化纵横联动协同治理，强化技术供给侧创新，以制度创新+技术创新推进“放管服”改革任务，助力政务治理，实现由项目驱动向创新驱动的动力转变。

技术创新已经成为智慧民生可持续发展的重要驱动力。从线上到线下、从企业到政府，信息技术正在不断渗入社会的核心组织与关键部件，从而创新政府、市民、企业及社会的运行秩序。移动互联网的发展，让用户可以随时随地获取服务。加之云计算的资源池和弹性、可以灵活应对需求峰值的变化，大数据的资源整合和聚集能力，共同支撑服务的集中化、即时化、定制化、去中间环节的供给。除此之外，地理位置服务 LBS、人脸识别、移动支付等新技术在政务服务供给中的应用同样引发了数量巨大的创新成果。

移动平台上提供的指尖公共服务[①]

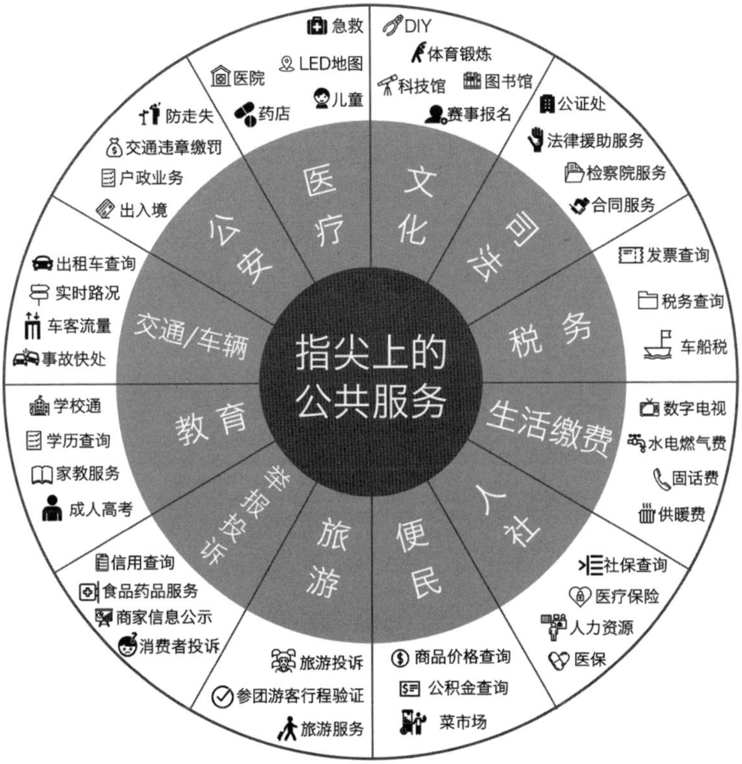

从痛点开始

公共服务资源紧缺、不均衡一直困扰各级政府和机构，尤其是一些诸如交管业务办理、出入境业务办理、看病就医服务等高频刚性需求的服务部门，线下窗口服务压力大。还有一些与民生相关的公共服务，比如发票验真、税务登记查询、中考高考成绩查询、公积金和社保查询等，这些服务需求频次迫切集中，信息获取的渠道权威性至关重要。

---

① 来源：腾讯研究院。

如何让公众感受到这些服务的效率？可预约、在线化是缓解痛点的突破口，这意味着少排队、少跑腿以及服务效率的提升。

以看病挂号为例。在线预约挂号还没有大规模推广之前，医院挂号大厅人满为患，专家号在窗口一排队就是几个小时，令患者痛苦不堪。再加上医疗资源供给与患者需求的巨大鸿沟，公立医院尤其是三级医院的挂号极度拥挤，并衍生了黄牛等灰色产业链。通过搭建在线预约挂号平台连接医院和患者，不仅可以节省患者排队等候时间，极大程度提升患者就医体验，同时还可以让身处偏远地区的患者在一定程度上触达优质医疗资源。

流程更扁平

我曾在《互联网+国家战略行动路线图》一书中说道，“互联网+”生态中，实现连接的层级单位越小，熵就越低，商业活动、社会经济的耗费就越少，效率就越高。

如果说服务在线化解决了公共服务的第一个痛点，压缩连接层次、流程扁平化则是信息科技赋予公共服务的第二个价值点，这使得公共服务的效率较PC互联网时代有了本质改变。陕西省工商局通过启动工商登记全程电子化改革，最快可在半小时内完成企业注册登记。“陕西工商登记注册全程电子化系统”自2017年8月1日全省上线到9月30日两个月内颁出微信版电子营业执照1万余张，多类市场主体办理营业执照的时间压缩到过去的10%以内，填报量压缩到过去的1/8，一次申报通过率从不到30%提高到90%以上，微信在线办理营业执照成为最受公众欢迎的办理方式。

政务服务线上化，不是简单把流程从线下搬到线上。拿身份认证来说，线上如何证明“我是我”是诸多服务实现在线办理绕不开的环节。广州市公安局南沙区分局与微信团队在合作打磨交管服务解决方案时，最初考虑用语音识别技术识别车主身份，即用户通过朗读一个数字串进行登录和验证。经过双方再次讨论最终采用的是五合一验证方案，即银行卡号、银行预留手机号、微信号、驾照档案号、车主姓名的验证方案。这套身份认证模块，成为公安系统的标准接口，很大程度上解决了车主真实身份认证的问题，真正实现了线上和线下的一体化。

但技术应用并没有止步于此。破解“证明我是我”的痛点，又演变出基于人脸识别技术的解决方案。依托证件 OCR（Optical Character Recognition，光学字符识别）、人脸识别、活体检测等技术，可以快速准确完成用户身份鉴权、信息采集、信息存储、信息处理及信息输出等实名核身流程，现已被用于电子驾照、电子身份证、电子营业执照等多个领域，公积金服务、酒店入住、火车站 / 飞机安检等应用场景都开始迎接“刷脸”时代到来。

另外，位置服务、移动支付、一键接入整合数据、随时随地与外界连接等特性，为公共服务的查询、缴存、导航、支付等关键环节向轻量化、后台化运行提供了可能，有效缩短了服务时间。例如，广州市将移动支付模块植入交管部门和出入境部门，市民通过输入业务受理编号，就可以在手机上直接进行支付。平均每月为市民在线提供各类服务 28 万余次，节省群众查询和上门办理业务时间近 118 万小时，节省窗口警力 6.7 万人次。通过打通支付环节，医院可以进一步升级服务能力。南通市妇幼保健院、深圳市南山区人民医院试点连接微信智慧医疗商保平台和众安保险，打通快速理赔闭环。患者在就诊完成付费后，只需在医院的微信公众号选择“申请理赔”，经过填写信息—选择费用—确认收款方式三步即可完成理赔申请，保险公司核赔成功后即可完成理赔，免去了患者向保险公司提供纸质材料、填写理赔申请、邮寄材料等步骤，真正实现商业保险理赔的线上化、无纸化、移动化。

广州公安微信公众号使用前后业务对比[1]

功能项	使用前	使用后
业务查询	前去窗口或在 PC 网页端查询	可 24 小时通过智能手机查询
业务预约	需要在 pc 网页端、电话预约	随时随地通过智能手机预约
业务办理	需要前去窗口排队办理	通过智能手机便能轻松办理
业务缴费	办证大厅窗口或银行柜台缴纳	绑定银行卡账户后，可用微信支付

自助服务曲线增加供给

自助立案在法院体系应用已较为普遍。上海市浦东新区自 2016 年 3 月推出手机扫“二维码”立案以来，通过“二维码”共立案 23741 件，占同期立案数的 16.9%，平均用时 15 分钟，每月通过扫码、电脑端自助、远程网上立案等自助立案平台所立案件已超过 50%。

福州市市民服务中心可全天候自助办理赴港澳通行证签注、医社保缴交记录查询、个人公积金缴交信息查询、个人征信查询打印、房屋登记信息查询打印等 76 项公共服务事项，打破传统的办事模式，打造不需要窗口的全流程自助服务，有效解决市民办事时间受限难题，提高了政务服务水平和效率。

税务部门的互联网应用同样更接地气。在山东省东营市国税局，目前在互联网办税平台上已能实现税务登记、各税种申报、发票验旧、网上预约、业务预申请等功能，以打造“全天候”网上税务局。东营市国税局局长介绍说，他们还运用大数据技术，进行办税服务厅涉税行为分析，帮助纳税人实时了解大厅办税忙闲情况，合理安排办税时间和办理事项，提升办税效率。而第三方支付手段和税收业务紧密结合，使得纳税人可突破时间地点制约开启 24 小时全自助缴税模式，纳税人可在平台上自主办税、办理异地缴税等，方便了用户，也提高了政府机构办事效率，节省大量人力。

---

① 来源：微信城市服务。

3. 机制创新打通政务服务最后一公里

依托于互联网的政府组织，不仅可以通过在线方式为社会各个主体提供更为便捷、易用、高效的服务，同时互联网思维与互联网体验将反向优化和提升政府决策流程与决策效率，增强了政府决策的科学化与民主化。互联网及信息技术的高速发展，正在逐渐改变政府的组织方式。

例如，武汉交管部门积极创新，和保监会合作优化交通意外保险取证的整个流程，成为全国首个支持车主在手机端就可完成机动车快速理赔的城市。深圳人社局针对三医联动改革中“医疗支付方式”改革进行有力探索和尝试，对于通过安全认证的用户，支持其在移动平台上实现挂号和门诊的医保移动缴费，打破了只能线下刷医保卡进行医保支付结算的传统现状，缩短了用户等待银行结算、医保系统结算等繁琐流程，彻底打通用户网上就医支付的“最后一公里”。患者只要通过微信卡包，以电子就诊卡的形式在微信端绑定社保卡，3 秒就可一键完成医保、自费的混合支付，免去了就诊、检查、治疗外的跑腿事，可平均节约 43.6 分钟的排队时间。

2017 年，全国各级法院部门在立案、送达、审理等多个环节积极创新服务新模式，将司法服务由“被动”变“主动”。例如，北京市第一中级人民法院利用微信城市服务平台和微信小程序为当事人及代理人提供快捷便利的诉讼档案调阅服务；三亚市中级人民法院与司法局率先打通数据共享，打造“智慧审判送达平台”，律师利用微信小程序人脸识别进行实名认证，即可不见面签收法院文书，解决文书送达最后一公里难题；广州市越秀区人民法院上线微信远程视频平台小程序，证人或鉴定人可以通过刷脸即可远程出庭作证或出具鉴定人意见；广州市中级人民法院发布的“广州微法院”小程序具有微信查案、微信立案、微信缴费、微信执行等诉讼全流程服务；北京市知识产权法院启用的“法信微诉平台”小程序更是在全国范围内首次实现支持移动诉讼服务＋远程审判的线上办案平台。

四、赋能社会治理

习近平总书记在2017年10月中国共产党第十九次全国代表大会上所做的报告中指出“打造共建共治共享的社会治理格局”。如果说信息科技的加持是在战术上提升公共服务水平，那么依靠“互联网＋”进行社会治理，则是在战略上为政府赋能。当前，信息科技正在引发社会治理模式的变革：治理模式从单一的线下管理转为双向互动、从单纯的政府监管向社会协同治理转变。

1. 指尖上的广泛参与

与铁路一样，互联网的发展和普及同样具有社会效应。互联网再造了微观世界的运行机制，人类的社会福利、幸福感、社会资本都因此而改变，甚至还诱发了非制度化的政治参与。个体的集聚不再限于地理空间，互联网构建了一个虚拟的网络空间，而物联网、移动互联网甚至实现了地理空间和虚拟空间的无缝切换，全球城市、共享经济也正是线上和线下日渐融合的产物。

中国有12.4亿移动互联网用户①，如此庞大的群体以什么身份参与、以什么方式参与以及能多大程度参与，都必然会对社会治理产生重大影响。

---

① 数据来源：工业和信息化部，截止至2017年10月。

信息技术的不断进步正在潜移默化地影响公民电子参与的方式和积极性。相较于传统的参与方式，电子参与具有渠道多元化、效率高、成本低、参与积极性更强等显著优势。目前，基于政府网站、政务微信、政务微博、政务 App 矩阵平台推进政务信息公开、政民互动已成为常态。

2017 年两会在此基础上再度进行增量创新，用二维码形式向参会代表直观展示 2016 年政府工作报告的主要指标任务完成情况，成为媒体竞相报道的亮点之一。二维码不用受限单个 App，不仅进一步缩短了获取政务信息的路径，更凸显了政务信息公开的深度：从政策信息到政策解读、从共性信息到财政预算收支等敏感信息。在中央的带动下，各级政府将在借助信息技术创新政务公开上下更多功夫，会出现更多的“政府信息公开像群众扫二维码一样清楚”。

除了二维码，2017 年两会还融入了其他“黑科技”。中国政府网用无人机航拍形式，带大家通览 2017 年全国两会政府工作报告，以及它将为我们的生活带来的改变；经济网在 VR 拍摄与展示的基础上推出了 VR 直播，让网民能够身临其境地“置身”会场。这些充满新意且接地气的传播和互动方式，使网民从相对“被动”参与转向“主动”参与，进一步拉近了网民与两会的距离。

更重要的是，电子参与在大数据相关技术下被赋予了新价值：精准识别公共诉求。公众通过在线渠道的问询、建议、投诉、举报等积累了海量数据，成为政府了解和识别公共诉求的重要资源。截至 2017 年 3 月 3 日，2017 年的“我向总理说句话”活动共收到留言超过 31.64 万条留言，是 2015 年的 4 倍，通过对这些文本数据的挖掘，为两会政府工作报告的起草提供了大量素材和依据。

2. 用新技术解决老问题

《人类简史》作家尤瓦尔·赫拉利认为数据将取代以往的宗教成为人类未来的信仰。大数据正在使众多的“未知”变为“已知”，在诸多方面为人类提供决策参考。

实际上，很多部门都在实践通过大数据将“未知”变“已知”。在内蒙古自治区环境保护厅监控中心，工作人员只需指尖操作，就可以随时在大屏幕上看到全区各主要污染源的排污情况。浙江法院引入人工智能，替代人工书记员做庭审记录，大幅提高效率。

类似场景在中国还有很多。大数据和智能时代正在把中国社会的管理水平提升到一个前所未有的高度，使得我们的生活环境更加安全。例如，滴滴打车使数据信息有迹可查，并精确到几点几分几秒，司机服务态度怎样等，实现更加精细化的管理。

2014 年 12 月 31 日 23 时 35 分左右，中国上海市黄浦区外滩陈毅广场台阶处发生了一起踩踏事故，截至 2015 年 1 月 2 日，事故共造成 36 人死亡，49 人受伤。人流量过高是造成踩踏悲剧发生的最根本原因。据报道，事故发生前外滩地区人流量超过 100 万人，远超出该地区 30 万人的人流容量上限。

实际上，在上海踩踏事件发生之后，腾讯就基于手机 QQ 庞大用户的位置数据构建了一款产品：城市热力图，放在微信、QQ 里，通过不同颜色来呈现地区人口密度，为用户出行提供参考。同时这款产品还被广泛用于突发事件 / 重大节假日的人流量分析，为警方直观展示人群的拥挤程度与流向，并能准确估算出具体区域内的人员数量，便于制定交通和人流疏导安排。目前 LBS+ 警务位置大数据应用覆盖了全国 24 个城市，先后服务 2017 一带一路国际高峰合作论坛、南京秦淮灯会、2017 平安夜等 100 余次大型安保活动，累计服务 5000 万人次，对防踩踏工作起到了关键支撑作用。

同样是为了提高突发事件的应对能力，公安部消防局在微信平台落地全国首个灭火救援小程序——“灭火救援视讯通”，每个到达火场一线的消防员都能通过文字、照片、视频、录音、标识地理位置等手段实时上报消防局指挥中心，为灭火救援方案的科学制定、持续跟踪、灾后评估等提供第一手数据。

在反制犯罪方面，技术有着巨大的应用空间，当前政府部门联合技术企业在这方面做了大量工作。公安部“儿童失踪信息紧急发布平台”自 2016 年 6 月上线至 2017 年 5 月，共发布 1317 名儿童失踪信息，找回儿童 1274 名，找回率为 96.74%。平台二期将信息发布渠道和范围扩展到腾讯 QQ、支付宝、UC、手机淘宝、YunOS 系统、百度、一点资讯、今日头条、360 手机卫士、滴滴出行等，形成了政企合作、警民携手，防范打击拐卖儿童犯罪的良性互动。早在 2014 年，腾讯就上线了 QQ 全城助力，利用 LBS 定位技术，30 分钟内向失踪儿童所在城市距离最近的网友推送失踪儿童信息。3 年间，联合公安部打拐办、“宝贝回家”公益组织，QQ 全城助力推送了 400 例走失事件，并成功寻回 255 人。另外，基于手机安全软件对海量用户数据进行分析，借助技术手段进行甄别，很难打击和防控的“伪基站”诈骗、电话诈骗等都能得到有效防范和预警。

信息科技的应用还可以帮助应对社会治理其他方面的挑战。北京、上海、深圳等城市的交通管理部门探索大数据在停车管理中的应用，不断提升停车位在供需之间的匹配程度，有效缓解了上班高峰的停车难题。浙江省交通中心自主研发，利用移动通信基站数据的大数据分析技术在省内高速公路路网应用，率先实现省级高速公路路网的实时交通信息检测，测算精度达到 80% 以上，相当于传统在高速公路上监控布控的建设方式，可直接节约投资 80—90%，并在 2—3 个月内即可完成交通大数据采集工作。共享单车开创者摩拜单车不仅为市民提供了一种便利的交通出行方式，还基于其人工智能“魔方”平台带来的大数据挖掘、计算能力来帮助调配车辆，解决城市早晚高峰的共享单车“潮汐”现象，并通过挖掘摩拜单车用户的骑行轨迹数据，也为城市道路规划部门更有效、合理地规划自行车道建设提供了重要的决策参考。

3. 全民共治

多渠道和终端实时产生的海量数据和获取成本的下降，使得政府可以掌握更全面的信息或依据，从而提高管理效率和精度。同时互联网的“蚁聚效应”“众筹效应”使普通人获得更多参与公共事业机会的同时，也充分发挥和调动了公众的监督能力和治理积极性，群体智慧在一定程度上弥补了政府资源与需求之间的鸿沟。

政府治理结构的边界逐步模糊而更为开放，移动互联的快速普及使信息能以更快更有效的方式触达每一个人，企业、个人都身处治理结构之中，并可能对其产生影响。只要有一部手机，每个人都可以参与环境保护、治理交通拥堵等活动。例如，公众在第一时间发现污染地点后，可借助环境保护部12369在微信城市服务开设的入口进行污染举报，执法人员则能第一时间赶到现场完成执法。截止到2016年底收到的举报量已超过400万，远远超出传统方式收到的总量。为了便于公众查询所在地区的空气质量，环境保护部又于2017年上线了微信小程序“空气质量查询AQI”，可查询中国338个城市、1436个监测点的空气质量AQI/污染物/变化趋势。

2016年7月6日，为应对武汉连日暴雨所引发的积水问题，武汉交警联合微信城市服务入口紧急上线“城市积水上报”功能，通过上报“城市积水”的位置、照片等信息，让每一位市民都可以参与到对抗洪水灾害的行动中来，有效指导市民提前规避积水路段，避免安全事故发生。同时，政府部门在接到群众微信上报积水的同时，可以在地图上直接找到上报的积水位置，方便相关部门快速、准确到达现场处置。现在全国已经有 22 个城市都上线了“城市积水上报”功能，半年累计有 27.5 万市民使用了这项服务。

还有，为方便消费者及时保护自身权益，国家工商总局推出全国 12315 互联网平台，消费者除了拨打 12315 消费者热线外，还可以通过微信公众号、微信小程序、手机 APP、网站多种方式进行投诉、举报，24 小时在线维权保护自己的合法利益。

五、弥合数字鸿沟的新机会

与商业服务不同，价值流并非政务服务的最重要特性，而是在有限的资源条件下最大限度地服务于尽可能多的人群。移动互联、人工智能等科技手段的介入，让严肃的政务服务展现出温柔的一面。

1. 智能手机门槛降低

世界银行发布的《2016 世界发展报告：数字红利》指出，世界最贫困的 20% 的家庭中，70% 有手机；许多家庭拥有手机先于厕所和清洁用水。智能手机已成为信息革命中的重要角色，如果说电脑是改变了人类信息的传输与接收方式，那么智能手机的诞生则改变了人类接收信息与利用信息的能力。

智能手机获取门槛降低的红利显现。小米、华为、联想等国产手机品牌的充分竞争，为市场和用户提供了可选的各个价格层次的产品，白热化的市场竞争态势与旺盛的市场需求，使得手机的出货量逐年攀升，手机的价格则屡创新低，人们换手机的频率大大高于换电脑的频率。智能手机的使用价值已不仅仅止于“手机”，逐渐成为一种社交媒介、生活平台甚至“人体器官”，成为人类身体感知能力延伸的一部分。

智能手机的普及也提升了信息传播的用户触达率。随着公共 WiFi、3G、4G 网络的逐步发展与普及，智能手机作为一个移动的信息终端，基于移动互联网的微信、微博、新闻客户端及相关生活应用的地图定位、信息推送等服务，能够更为精准地锁定用户需求，在娱乐、生活、工作等方面为用户提供更契合的信息服务。智能手机对信息触达率的提升，首先是对宽带网络尚未大规模覆盖的郊县、农村等区域的浸入，成为一个移动互联网时代的“信息路由器”，使农村用户可以直接搭上信息高速公路的快车道。截至 2017 年 6 月，中国网民中农村网民占比 26.7%，规模为 2.01 亿。[①]

而且，智能手机简捷易用的体验特性，在一定程度上缩小了用户因教育水平不同导致的悬殊差距。PC 互联网时代之所以无法从需求端改善底层社会的生活质量，分享数字红利，最重要的原因是在写字楼、办公室陈列的电脑，其用户体验与服务内容不仅需要具备一定的受教育程度与文化能力，同时提供的信息服务内容主题、层次、价值等与底层用户需求产生错位。而智能手机用简捷易用的体验特性降低了用户的使用门槛，不分文化差别、受教育程度高低及个人身份地位，都可以便捷地进入移动互联网世界，并找到符合自身需求的信息和服务。例如，正是因为出租车司机、快递员能熟练应用智能手机，滴滴出行、饿了么等生活服务平台才得以兴盛。

---

① 引自 CNNIC 第 40 次《中国互联网络发展状况统计报告》。

2. 公共服务普惠化

PC 互联网时代，受限于地理和基础设施条件等因素，大量政务和民生服务难以下沉到乡镇一级，数字鸿沟现象明显。而在移动互联网时代，智能手机的普及和渗透，在一定程度上修复了城乡之间在政务上的数字鸿沟。移动政务为地处偏远地区的政府和机构提供了与发达先进地区同等的创新条件，而且正在被越来越多人所发现和认同，我们称之为给“最后一公里”赋权。

互联网普惠的本质属性逐渐凸显，获得优质服务和稀缺资源不再是部分群体的专利。只要有一部联网手机，公众就能突破时空制约，随时随地获取水电煤气缴费、医院挂号、优质教育公开课、港澳通行证办理、交通事故处理及保险理赔、法院立案等涵盖工作生活方方面面的公共服务。互联网 + 公共服务为实现医疗、交通、教育等公共稀缺资源均等化提供了全新平台。

网约车就是很好的例证。看重出行品质的用户可以选择专车服务，在意价格的用户可以选择快车服务，环保人士可以选择拼车服务……滴滴等打车软件为公众提供了更为个性化的出行方案。

在广度上，移动互联让广大不发达地区的人们也有机会享受数字红利、推进包容性增长，进一步缩小数字鸿沟。传统互联网时代，国家需要投入巨额资金铺设宽带以满足社会公众的上网需求。移动互联网时代，公众可以通过智能手机更加便捷、低成本地连接到网络，同时手机的易操作性大大降低了使用门槛。这点对于广大的农村地区尤为重要。目前，中国 50% 以上的农民网民通过手机 App 进行交流沟通、获取资讯、学习娱乐等。而远程医疗、在线教育等深化应用将有望弥补家庭教育、优质医疗资源的缺失，提升农民的生活质量。

2017 年互联网 + 数字经济指数显示，很多后线城市因为无处不在的连接，成为数字红利的受益者。以公安、人社、公积金、医疗四大高频服务来说，数字四五线城市[①]的可获得率尽管没有发达城市高，但相比 2015 年有显著进步。公安、医疗、人社、公积金在数字四五线城市的服务可获得率分别达到 51.91%、49.68%、28.66% 和 13.69%。更令人可喜的是，数字四五线城市的用户对服务的满意度与发达城市相差无几。2016 年，数字四五线城市平均满意度为 369.93 分，微低于数字一二三线城市。可见，智慧民生已经成为一个重要的发展指标，可以推进诸如教育、交通、医疗等公共服务的均等化，使老少边穷地区实现跨越式前进成为可能，更是缩小区域间数字鸿沟的重要抓手。

六、智慧民生的中国速度

试想下，未来智慧民生将是什么样子？

基于人工智能技术，中国公共服务效率将进一步提高成百上千倍。人工智能客服针对个人提供定制化服务或服务建议，同时通过对个体习惯的长期感知和需求关联，发现与自动化地执行延伸需求，辅助市民完成大部分的服务流程。

很长一段时间内，中国的电子政务建设重点在于对政府内部信息化系统的改造与优化，以实现自我信息化能力的提升，从而增强社会管理能力，本质上是一个政务信息化的过程。“互联网 + 政务服务”时代，电子政务的发展由政府职能要求为主体走向以公众需求为中心，互联网企业不断溢出的技术创新能力为其带来了新的变化。智慧民生体现出前所未有的温度。

---

① 腾讯研究院互联网 + 数字经济指数基于 K-means 算法，并以城市间四大分指数的欧式距离作为算法的距离指标，全国 351 个城市按数字经济发展水平被分为 5 个层级。

在深圳，28 岁的白领马女士要生宝宝了。她从预约产检乃至就诊缴费，全都在手机上完成。“可以自动识别医保部分，预约就诊前 2 小时还会提醒一下，特别方便。”马女士的故事，是独具特色的中国互联网发展所释放出新能量的一个缩影。一方面，数字经济成为经济新常态下的新动力，在促进资源配置优化和全要素生产率提升方面发挥着积极作用；另一方面，老百姓用得上、用得起、用得好的智慧民生服务日渐丰富，超过 2 亿人对共享互联网发展成果的获得感不断增强。

当前，科技发展带给中国新的发展机遇，“互联网 + 政务服务”在中国的崛起与发展，其本质是数字红利与平台红利的螺旋式递进，移动互联网解决了用户接收信息入口的均等化，使不同阶层、区域的用户平等地享有信息权利，移动平台极大地提升了政务服务效率与质量，使政务信息化水平良莠不齐的地区、部门及机构同时拥有触达最广泛用户群体的便利。

在智能手机、社交媒体应用上，中国与全球其他国家差异明显，在社会文化征候、网络竞争格局、用户阶层特征等方面都具有明显的“中国特色”。移动平台加持和重构了政务服务的模式、效率、价值和用户体验。

在 2017“一带一路”国际合作高峰论坛开幕式上，国家主席习近平指出，“一带一路”要建成创新之路，“通过科技创新驱动发展，推动大数据、云计算、智慧城市建设，连接成 21 世纪的数字丝绸之路”。过去两年，以移动支付为代表的中国金融科技实现了弯道超车，并形成了可借鉴的“技术出海”模式。而中国基于移动平台构筑的智慧民生也有望在数字丝绸之路发展的大背景下，作为信息科技应用经验向海外输出。

这是中国“互联网 + 政务服务”一次前所未有的发展机遇，是政府部门和互联网产业之间，通过优势互补和有效合作所产生的数字红利与发展蓝海，更是一次中国与其他国家加深合作交流的新方向。

第七章

人人可公益，
互联网公益新力量

科技的进步一日千里，商业的发展日新月异，人性却亘古不变。公益慈善是源于爱心和善意的人类古老事业，从公益与互联网连接的那天起，互联网公益就从萌芽开始，带着极强的加速度爆发。2016 年全年，腾讯公益募集善款超过 8 亿元，是 4 年前的 30 倍，而参与人数也达到了 2012 年的 20 倍。这根开始扶摇直上的增长曲线，意味着互联网公益已经进入了一个爆发期。这种加速度来源于互联网与公益属性的天然契合性，使得公益生态具有自我进化、不断迭代的能力。

互联网开启了公益新时代，也催生了公益新形态。无论是公益平台、还是普罗大众，抑或是传统公益机构，都在互联网公益生态圈中实现连接和赋能，使其迸发出巨大的创造力，正在改变着我们身边的世界，使之更为美好。

时至今日，这股互联网公益的新浪潮正在源源不断地为公益事业的发展提供强大动力。当前中国的互联网公益生态圈，正迎来最好的时光。

一、互联网开启公益新时代

公益活动是公众善心善行的集中体现，也是现代社会公民参与精神的表征。公益活动起到了社会润滑剂的作用，是一个成熟社会体系必不可少的组成部分。近年来，随着中国经济实力不断增强，人民收入水平不断提高，公益慈善的理念得到广泛的传播，公益事业也在国民生活中的作用日益彰显。中国慈善联合会发布的《2016 年度中国慈善捐助报告》显示，2016 年中国境内接受国内外社会捐款捐物总额达到 1392.94 亿元，较 2015 年增长 284.37 亿元，同比增长 25.65%，捐赠额创历史新高。

2016 年，第十二届全国人民代表大会第四次全体会议正式通过《中华人民共和国慈善法》，对慈善组织、慈善募捐、慈善捐赠、慈善服务、信息公开等内容均作出规定，标志着中国的公益慈善事业在规范化、专业化、法制化的进程中迈上一个新的台阶。

公益慈善浪潮奔涌来袭，越来越多的中国人意识到了公益慈善事业对社会的重要意义，公益慈善行业也正在聚拢更多的专业型人才。与此同时，互联网，尤其是移动互联网的出现和发展，为公益慈善事业的发展带来了全新的动力。

在全球化时代，互联网已经成为人们生活中不可或缺的组成部分，移动互联网塑造的社会生活形态进一步加强。互联网尤其是移动互联网，在中国公益慈善事业的发展中也发挥着越来越重要的作用，互联网公益新模式应运而生，同时也产生了“人人可公益，民众齐参与”

的公益 2.0 新理念[①]。

探寻互联网公益发展历程

中国的互联网公益发轫于中国接入互联网之初，并于 2008 年迎来了第一次爆发。2008 年汶川地震重创了中国超过 50 万平方公里的土地，10 万民众不幸在大地震中罹难，受灾的人数更是高达四千万人。汶川地震对国家和人民带来的巨大创伤，激发了全国各地公众的公益热情。秉持着一方有难、八方支援的理念，公众为汶川地震灾区的救援和重建捐款捐物，总额接近 1000 亿元。

而在当时，互联网公益平台也参与其中，在短短几天之内筹集了大量善款，让公益人看到了互联网与公益结合的巨大潜力。

在 2008 年汶川地震后，中国的公益事业发展又经历了两个阶段。

在第一个阶段中，公益行业利用互联网工具，推动公益机构发展。而近年来互联网公益已步入第二阶段，重点是以互联网，尤其是移动互联网产品思维改造公益项目，打造全民参与的多样化公益模式。

互联网公益强调公益“不是少数人做了很多，而是每个人做了一点点”。公益活动不是只有少数人或者少数机构才能参与，而应该是人人可以参与、人人可受益的大众事业。如果能够有更多的人参与到公益中来，就能汇聚成巨大的力量，为需要得到帮助的群体带来改变。

在过去几年中，在监管部门、公益平台、公益机构、企事业单位以及公众的共同参与及聚力推动下，中国互联网公益得到前所未有的快速发展。根据民政部发布信息“2017 年 1—6 月，首批认定的 13 家互联网募捐信息平台半年来总筹款额超过 7.5 亿元，其中通过腾讯公益筹款 3.3 亿元、蚂蚁金服筹款 2.1 亿元、淘宝公益筹款 1.22 亿元。共有

---

① 公益 2.0，此概念由腾讯公司创始人之一、腾讯基金会主要发起人陈一丹提出，强调利用互联网领域的技术、传播优势，让公益和民众互动起来，让广大网民成为公益主角，打造“人人可公益，民众齐参与”的新型公益模式。

4.65亿次网民在线捐赠，捐赠主体由80后、90后构成，捐赠额度多在几元至几十元之间，呈现大众化、年轻化、小额化的趋势。”[①] 互联网公益已经成为中国公益事业的重要力量，其发展对于中国公益行业的整体进步无疑有着非常重要的意义。

由于移动互联网具有连接一切、实时在线、跨越时空限制等特点，移动互联网和公益的结合为公益活动开展的模式以及公益生态带来了巨大的改变。

首先，移动互联网降低了公益信息传播的成本，也大大降低了公众参与公益的门槛，使得公益事业能够成为大众参与的事业，同时也提升了公众主动参与公益的积极度；

其次，移动互联网和社交网络的出现改变了公益活动进行的方式，使得劝募[②] 的主体由单一的公益机构转向了公益机构与捐赠者个人并存的格局，从根本上改变了公益活动开展的模式。同时，社群公益在中国正在迅速崛起；

第三，移动互联网促进了公益机构和公益项目的信息披露程度，推动了公益行业整体的透明化进展；

第四，移动互联网的发展创新多样化的参与公益方式，大大扩展了公民参与公益事业的渠道。

这四个转变一起构成了互联网公益的重要特征。

多方共塑互联网公益新生态

在互联网公益发展的过程中，公益平台起到了至关重要的作用，在互联网公益生态中占据非常重要的地位。在过去的几年中，大型互联网企业，如腾讯、阿里巴巴、百度、新浪微博等，均积极投身于公

① 引自 http://www.mca.gov.cn/article/zwgk/mzyw/201708/20170800005504.shtml

② 劝募，指为公益项目筹款而开展的劝导公众进行捐赠的活动

益事业，建立了各自的互联网公益募捐信息平台。[①]

大型互联网公益平台的涌现，顺应了互联网公益发展的客观需求，具有一定的必然性。劝捐与募捐本质上是公益机构和潜在捐赠人的双向搜寻和配对的过程，公益机构希望将有关的项目信息传递给对项目感兴趣的潜在捐赠人，而潜在捐赠人也需要搜索自己关注和感兴趣领域的项目，并在筛选过后对合适的项目进行资助。而平台的出现为公益机构和潜在捐赠人提供配对的场所，汇集配对必要的信息，最大程度上降低了配对成本。在捐赠人和公益机构双方基于平台形成的双边市场上，使劝捐和募捐配对的效率大幅提高。

同时，互联网公益平台作为较权威的机构，还可以一定程度上解决消息源真实性的问题。互联网上的信息鱼龙混杂，很难确定真实性。而用户在面对来源不明的公益慈善信息时难免会心存疑虑，不敢轻信。由于平台型企业拥有大量的用户群体、广泛的连接以及较好的用户信誉，由其建立起的公益平台可以有效地汇总公益信息，并且建立信息发布者身份信息审核机制，提升信息源的真实性。

除了连接公益机构和广大的用户外，互联网公益平台也是公益机构的赋能者、公益透明生态建设的推动者，以及互联网公益理念的传播者。十年发展历程中，互联网公益每一阶段都体现着公益平台的贡献，其已经成为中国互联网公益发展的重要动力，并将持续为中国公益事业的进步贡献力量。

当然，在互联网公益的浪潮中，不仅有以大型互联网企业为依托的互联网公益平台投身其中，传统的公益机构也从未曾缺席这一轮“互联网 + 公益”的大潮。我们欣喜地看到传统的公益基金会以及 NPO 组织，无论是否具有公募资质，面对全新的移动互联网时代，没有故

---

① 腾讯公益、蚂蚁金服公益、新浪微博（微公益）等 13 家互联网公益平台属于民政部认定的首批慈善组织互联网募捐信息平台。

步自封，均在主动拥抱移动互联网，摸索如何利用网络改进自身工作。有些还进行了大胆的突破和转型，利用移动互联网改造公益项目，提升筹款、执行和信息反馈水平，甚至改变了自身的组织结构以适应移动互联网的时代。在各类公益机构的努力之下，互联网快速渗透公益行业，全行业的信息化程度显著提高。

整体而言，公益慈善作为与互联网紧密结合的行业，已经深刻地感受到互联网所具有的变革的力量。未来随着网络基础设施的不断发展和移动互联的深入普及，互联网公益已经是大势所趋。公益行业要能够积极应对互联网带来的改变与挑战，充分利用互联网和科技创新的发展机遇，助力中国的公益事业迈上一个新的台阶，迎来更广阔的发展空间。

下面将结合互联网公益发展中的典型案例，介绍互联网尤其是移动互联网对于公益行业的变革和推动，勾勒互联网公益平台和公益机构在互联网公益发展过程中的作用，并展望互联网公益未来的发展趋势。

二、重塑公益形态

自互联网被发明以来，人类社会开始迎来一个“平坦”而又“开放”的新时代。如果说21世纪的第一个十年是属于PC互联网的十年，那么21世纪的第二个十年无疑是移动互联网的时代。

移动互联网的出现是互联网发展的自然延续，在移动互联网时代，用户通过移动互联设备可以时时接入网络，扩展了信息传播的速度和深度。同时信息的双向传播使连接的双方能够实时互动，信息的传递能够及时得到反馈，使得网络成为一个非常活跃的组织结构。

移动互联网的特性注定了现阶段其将会成为推动社会变革、进步的关键力量，掀起的巨大浪潮早已超出了网络本身，渗透入经济社会的各行各业，深远地改变了我们生活、工作的各个方面，“互联网+”已经成为整个社会的大趋势，传统行业进化出崭新的模式，迸发出生机与力量。

公益慈善事业也置身于移动互联网的浪潮之中，感受到了其强大的变革力量。经由移动互联网的洗礼，公益行业整体都在悄然发生着改变。无论是公益机构还是公益活动的参与者，都深刻地被移动互联网带来的改变所影响着。可以认为，移动互联网带来更高的公众参与度，也深刻地影响了公益活动的开展方式，塑造了全新的互联网公益模式，同时助力公益透明化显著提升，推动了公益参与方式走向创新和多元，更无疑传播了一种移动互联网时代的公益新理念。

1.“指尖公益”新局面

互联网的出现使得信息传播的媒介发生了根本性的改变。而移动互联网的高速发展则进一步实现了尼葛洛庞帝在20年前对于数字化生存①的预言。我们已经处在一个数字化无处不在的世界，绝大部分信息的传递和交流不再依赖于有形的媒介，比特已经成为这个时代最重要的信息构成。

数字化的快速推进为公益行业带来了两个非常重要的改变，一个是公益项目的信息能够触达更大范围的群体，另一个是支付手段的信息化使得用户参与捐赠的门槛被大大降低。

在互联网出现以前，传统媒体的覆盖范围有限，且与受众的交互

① 数字化生存最初是由美国麻省理工学院学者尼葛洛庞帝在其1996年出版的《数字化生存》（Being Digital）一书中提出的，按照他的解释，人类生存于一个虚拟的、数字化的生存活动空间，在这个空间里人们应用数字技术（信息技术）从事信息传播、交流、学习、工作等活动，这便是数字化生存。

性不佳，导致公益机构通过传统媒体难以有效地触达潜在捐赠者。在此阶段，公益机构缺乏与广大潜在捐赠者连接的手段和能力。

而互联网尤其是移动互联网可以覆盖巨大的用户群体，用户黏性较大。合理利用互联网的触达能力，公益机构能够与潜在捐赠人实现有效连接。不仅如此，互联网的强交互性让公益机构和用户能够双向连接，使得公益机构不仅能够把信息传递给用户，用户也能实时把反馈传递给公益机构。这使得公益机构劝捐和宣传的效率大大提高。

因此，与互联网的融合发展，为公益行业的互联网化开启了强大的推动力，可以有效解决传统公益机构缺乏连接，触达能力有限的问题。

而支付的远程化和数字化功能即网络支付的不断发展和普及，为大众广泛参与公益慈善捐款又清除一大障碍。

在网络支付普及之前，公益慈善的汇款转账时间成本极高。人们想要捐助善款，最常见的方式是到邮局或者银行柜台填写汇款单给有公募权的公益基金会项目进行转账。这样的线下流程耗时费力，除了要对公益慈善事业充满热情外，也对捐款人的财力和精力提出一定的要求。此外，使用传统的汇款方式，20 元以下的小额捐赠基本不太可能出现，因为小额捐赠同样也需历经繁复的记录账号、柜台填单的流程，会让大多数人为此精力耗费而止步。

移动支付为代表的网络支付普及，则大大地改善了这种情况。每当用户在互联网公益平台上发现合适的公益项目时，都可以在几秒钟内通过移动支付迅速完成转账。从而极大降低了募捐的时间成本，提升了公益慈善的便捷度，使得用户能够随时随地为优秀的公益项目进行捐款。同时也推动了小额捐赠的流行，降低了参与募捐的门槛。

借力于移动互联网的连接以及移动支付的不断发展，“指尖上的公益”已经从想象变为了现实，用户在自己的手机或是平板电脑等客户端上，即可完成对公益信息的检索和公益项目的资助，吸引着越来越多的潜在爱心人士参与到互联网公益中，为公益事业的发展提供了强大的助力。

与此同时，伴随指尖公益，不仅大众参与公益活动的门槛不断降低，更多的机构和企业等主体都已参与到公益事业中来，互联网企业也不例外，使得公益事业参与者的队伍空前地壮大。

腾讯公益平台助力“指尖公益”

腾讯公益慈善基金会（简称腾讯基金会）是由腾讯公司出资成立的公益慈善基金会。2007年6月26日，腾讯基金会经中华人民共和国国务院与民政部批准成立，成为在民政部登记注册、由民政部主管的全国性非公募基金会。同年，腾讯公益慈善基金会推出了互联网募捐信息公开平台“腾讯公益”。

数据显示，腾讯公益平台2016年参与募捐总人次数超过4000万，筹款总金额超过8亿元，相较2015年各翻了1.5与1.8倍。相较2012年的数据更是增长了超过20倍，已成为全国影响力最大的互联网公益平台之一。①

“99公益日”发起于2015年，是腾讯公益首创，由其牵头联合数百家公益机构、知名企业、明星名人、爱心媒体，响应国家民政部9月5日中华慈善日的号召，共同发起的一年一度的全民公益活动。99公益日活动时间为每年9月7日—9月9日，旨在通过移动支付、社交场景和趣味互动，发动全国数亿网友，以轻量、便捷、快乐的方式参与公益。

2015年与2016年的99公益日，分别有超过205万与677万人次用户参与到99公益日的捐赠活动中，腾讯公益平台筹款总额分别达

① 引自腾讯基金会、腾讯研究院《腾讯公益10周年报告》，2017。

到 1.28 亿与 3.05 亿元。2017 年 99 公益日期间，腾讯公益平台共动员 1268 万人次主动捐出 8.299 亿元善款，为 6466 个公益项目贡献出力量。相比 2016 年，筹款总金额增长 1.72%，参与人次数增幅达到 87%。除此以外，3 年的 99 公益日活动期间，腾讯公益总共为公益项目配捐 5 亿 9997 万元，爱心企业配捐也达到了 2.78 亿元。99 公益日已经成为国内影响最大、参与人次最多的互联网公益节日。①

以微信为例，用户如果希望通过微信搜寻公益项目进行捐赠，只需点开钱包选项卡，再点击九宫格中的腾讯公益选项，即可进入腾讯公益平台的主页面。

进入腾讯公益主页面后，用户可以浏览展示在首页的公益项目信息，也可以通过下拉或者搜索的方式检索其他公益项目的信息。在确定好要捐赠的项目后，用户只需点击捐赠选项并选择捐赠的金额，便可通过微信支付对支持的项目进行捐赠。在用户成功进行捐赠以后，还会通过微信公众号定期收到项目执行方发来的项目执行进展反馈。

从搜寻公益项目信息到接收反馈监督款项使用，用户只需简单的指尖操作即可完成所有的步骤，整个募捐的全流程均可随时随地通过微信实现。

移动互联网时代慈善捐赠流程示意图②

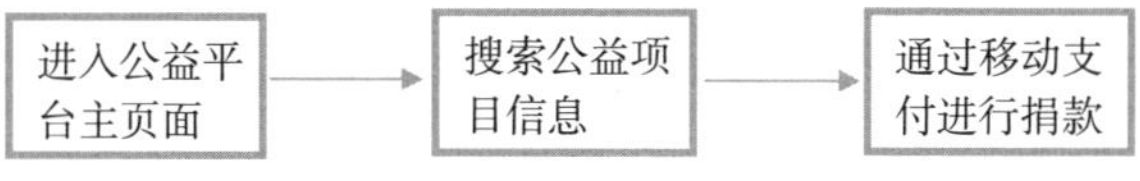

“指尖上的公益”显示着人众参与公益活动的成本大大降低，越来越多的公众能够参与到公益中来，一个全民参与公益的时代已经到来。

① 引自腾讯基金会、腾讯研究院《99 公益日白皮书》，2017。

② 来源：腾讯研究院。

腾讯公益平台 1 元购画公益项目

2017 年 8 月，一个名为“1 元钱购画”的公益项目引爆微信朋友圈，在短短一天时间内有大约 500 万人参与到项目的募捐中，筹款金额超过 1000 万元人民币，成了当之无愧的公益“爆款”。

这是腾讯公益平台上发起的一个公益活动，名为“小朋友画廊”。这些画的作者最小 11 岁，最大 37 岁，都是自闭症、脑瘫和唐氏综合征患者。用户最低只需要花费一元就可以购买一幅自闭症儿童的画作，而每购买一幅自闭症儿童的画作，就相当于向上海艺途公益基金会（WABC）“用艺术点亮生命”公益项目进行了捐赠，善款将直接存入公募机构账户，用于帮助精神障碍和智力障碍的特殊人群融入社会。该项目旨在消除社会偏见，帮助这些特殊人群改善生活，实现自我价值。

这样的公益项目参与度在前互联网时代是难以想象的。也正是借助于互联网，尤其是移动互联网和社交网络广泛连接的特性，公益“爆款”才真正成了可能。随着互联网公益平台的兴起和移动支付的普及，普通用户参与公益的门槛被大大地降低，各个年龄层次、收入水平的公众都不再仅仅是公益活动的旁观者，而是可以以很低的成本参与到公益活动中来，真正地扩大了公益活动的参与面，推动公益活动真正成为全民参与的公众事业。

除腾讯外，阿里巴巴公益基金会（英文名“Alibaba Foundation”）于 2011 年 12 月 22 日正式成立，同样为经民政部通过，由民政部主管的全国性非公募基金会。阿里巴巴公益基金会通过集中公益资源、提升公益项目效率和专业性，促进社会公益事业发展，为和谐社会做出贡献。阿里巴巴旗下的淘宝公益平台也是民政部认定的首批 13 家互联网募捐信息平台之一。仅 2017 财年阿里巴巴就通过其公益平台推动 47 亿人次参加公益行动，全年用户积累捐款达到 4.88 亿元。①

还有，当前在大型互联网企业搭建的互联网公益平台外，随着移动互联网的蓬勃发展，涌现出了一批以轻松筹为代表的救助类筹款平台，帮助众多病患在第一时间解决医疗资金等问题，大大降低了大病救助发起的门槛。

轻松筹实现“指尖求助”，扩展公益活动受益群体范围

轻松筹的爱心救助平台主要通过微信公众号和独立 App 提供服务。用户可在轻松筹 App 或轻松筹微信公众号上发起筹款，筹款页面可在微信、QQ、微博等社交平台上进行传播，帮助求助者快速便捷筹得善款。2016 年，轻松筹成为民政部认定的首批 13 家互联网募捐信息平台之一。

腾讯公益等互联网公益平台的出现降低了用户参与募捐的门槛，实现了指尖公益。而轻松筹等救助平台则使得用户发起求助更为容易。

传统上，个人求助可以由个人发起，但如果没有公益机构参与进行信用背书，求助信息很难得到验证，也难以得到广泛的传播。而公益机构关注范围和精力有限，难以广泛覆盖受到大病困扰需要帮助的对象。

---

① 引自阿里巴巴公益基金会《2017 阿里巴巴集团公益报告》，2017。

轻松筹等救助平台的出现，简化了用户发起救助的流程。用户可在这类平台上发起募捐，验证身份，传播求助信息。同时，借助于社交平台，其他用户也可以对已有的求助项目进行实名信息认证，一定程度上解决个人求助信息真实性的问题，大大提升了个人发起救助获得捐赠的可能性。轻松筹的爱心救助平台上线以来，捐赠总人次数已经突破4亿，帮助了大量受到大病困扰的特定群体。

因而，随着轻松筹等救助平台的兴起，大病救助可以不再依赖于公益机构，发起求助的门槛大幅降低，“指尖求助”也已经成了现实。

2. 公益+社交的变革

移动互联网的出现，同时深刻地改变了募捐进行的方式以及公益活动参与人相互连接的方式。

传统上，公益机构与捐赠人直接以点对点的形式进行连接，公益机构作为中心节点与所有的捐赠人连接，然而捐赠人之间则缺乏连接与互动，同时也缺少向潜在捐赠人进一步传递公益信息的手段，在多数情况下无法主动地参与到项目的劝捐活动中。

而在移动互联网时代，随着社交化募捐形式的出现，这一现象发生了根本性的改变。诸如腾讯公益推出的“一起捐”等产品，使得用户可以充分利用社交平台，在自身社交关系网中对于支持的公益项目进行宣传和劝捐，从而形成了去中心化的公益募捐模式。

根据社交网络理论，弱连接善于传递信息而强连接则更易于影响他人的行为。由于用户社交网络中存在许多强连接，相较公益机构，用户自身的宣传与推荐往往能够起到更好的效果，影响更多的潜在捐赠者参与到公益项目的募捐中来。而这些新进的参与者又可以继续利用社交网络传播公益信息，从而形成网络效应，使得公益项目的影响力能够沿着用户的社交网络持续不断地传播和扩展放大。

“一起捐”等带有强社交性的去中心化募捐方式出现，使得劝捐者从机构变为用户，为公益活动注入了社交因子。由此募捐成了用户间的行为，是一种完全不同于传统上仅由公益机构负责劝捐的新型募捐模式，这种由中心化走向去中心化的互联网公益，有望在未来成为趋势。

腾讯公益发起“一起捐”，为公益注入社交因子

2014年8月，腾讯公益联合微信平台推出“一起捐”。“一起捐”是由腾讯公益独家定制，由网友个人为公益项目发起一定数额的爱心筹款，由朋友圈内的友人合力完成该筹款任务的新型募捐形式。用户可以在腾讯公益平台上任选项目发起“一起捐”并设置目标金额，然后将“一起捐”页面转发给好友或上传朋友圈。“一起捐”发起者的好友可以参与捐款，并将“一起捐”二次转发。通过“一起捐”的社交传递，用户可以利用自己的社交网络实现爱心筹款的接力和聚力。

“一起捐”自推出以来，受到了广大用户的积极响应和参与。以2015年的99公益日为例，在2015年9月7日至9日三天时间里，在腾讯公益平台上共发起了“一起捐”30万余个，参与人次近48万，筹得善款6000万元，在2015年99公益日总筹款中的占比接近50%。

而2016年99公益日期间，全部项目通过多种渠道共发起了近33万个“一起捐”，参与人次达到了348万人次，是2015年的7倍多，共计筹得善款2亿余元，占2016年99公益日筹款额的2/3。[①]

2017年99公益日期间，全部项目共发起近20万个“一起捐”，参与人次数进一步上升至780万，而筹款总金额达到创纪录的6亿5千万元。

---

① 引自腾讯基金会、腾讯研究院《99公益日白皮书》，2017。

由以上数据可见，多数公益项目中用户已经成为劝捐的主要力量，去中心化的社交筹款模式已经成为腾讯公益平台上的主流模式。

微博公益，社交助力公益信息快速传播

新浪微博也是推动社交公益兴起的重要力量之一。与微信类似，微博平台上公益信息的传播不依赖于传统公益机构。每个人都可以成为公益活动的发起者，公益信息的传播者。公益信息网络的组织呈现出非中心化的自发性特征。

相较于微信，微博是媒体属性更强的社交媒体平台。微博作为一个泛媒体的社交平台，用户连接主要建立在兴趣上，连接的属性偏向弱连接，信息则多为单向传播，注重的是传播的内容和速度。微博的媒体属性以及相对更为中心化的网络结构决定了微博上的信息传播往往具有更快的速度和更高的广度。一条公益信息经由微博“大V”关注转发，可以引发大量的二次转发，有可能形成舆论热点，引发公众的关注。

从微博诞生伊始，公益就是微博用户关注的主要话题之一，出现各类公益信息在微博上传播，公众在微博上对于热点公益事件开展讨论等。2011年，公益信息在微博上呈现井喷式的增长，“免费午餐”“微博打拐”等项目在微博上得到了亿万网友的关注与支持，无疑也推动了公益理念在大众中的传播。

2012年2月，新浪微博正式推出了微公益平台，并相继上线了个人求助、转发捐助、微拍卖三款产品，并为公益机构提供线上合作平台。弥补了此前微博救助无序化、碎片化的弱点，通过微博公益平台将数亿网友的爱心力量汇集起来，形成了一股强大的社会公益力量。

当前，在微博上，公益不再是少数人的舞台，而成为人人皆可参与的活动。微公益平台把传统公益活动的各个参与方集结到一起，使发起者、捐赠人、公益机构等实现了整合。微公益平台上线以来累计超过 620 万人参与到公益项目的捐赠和转发中，充分体现了社交公益的强大力量。

社群公益兴起

激起社交与互联网公益结合的另一个新火花，则是社群公益的兴起。

公益社群是由公益活动的积极参与者发起与组成，具有较高的活跃度与非常鲜明的自组织特征。公益社群中的个体在加入前彼此不一定相互了解，相同的公益志趣是将他们聚合在一起的最主要因素。

传统模式下，即使两个捐赠人资助了同一个公益项目，他们之间也很难产生有效的连接。随着移动互联网的兴起，同一项目的不同捐赠人之间的连接成本可能只是一次微信名片的转发或者是二维码的扫描，连接成本被大幅降低，使得关注相同公益领域或者相似公益项目的捐赠人能够建立联系，沟通信息，逐步发展壮大，形成以相同公益志趣为基础的社群。

近年来，互联网社群公益进入了一个高速发展的阶段，新兴的互联网公益社群层出不穷，公益社群的活跃程度不断提升，也涌现出了如中国知行社、自强学堂等一系列优秀的公益社群组织。社群公益已经成了中国公益事业中不可忽视的重要力量。

3. 公益透明化的提升

公益机构和公益项目透明状况一直是广大爱心网友最为关心的议题之一，也是长久以来制约中国公益慈善事业快速发展的重要因素。传统上，公益行业的信息披露由公益机构发布财务和执行报告来完成。这类报告大多聚焦于公益机构信息的公开与透明，对具体的项目关注较少。然而即使是透明度较高的公益机构，其负责的公益项目仍然有可能存在着信息披露不完善的情况，进而可能会影响捐赠人的信心。同时，在互联网诞生前，类似财务和执行的报告触达面窄，用户难以了解到公益机构各方面的工作情况，使得这类信息公开方式的效果不佳。

正是由于缺乏有效的信息披露手段，外界难以分辨信息披露完善和不完善的公益机构，导致未能形成稳定的淘汰机制，甚至会出现劣币驱除良币的状况。在这种情况下，虽然绝大多数的公益机构运行规范、善款使用合理，但几件争议性的舆论事件就可以影响到公众对于公益行业整体的信心，久而久之非常不利于公益事业的信任构建。

在互联网公益时代，借力于互联网的特性，公益活动的透明性可以得到大幅提升。

在互联网之上，不同节点之间的信息传递成本低，触达面广，信息传播的效率高。具有主动进行信息披露意愿的公益机构可以利用互联网，将善款、项目执行等信息公之于众，使得用户能够参与到公益项目的监督之中。事实上，在微博、微信公众号等新型媒介日益成熟之后，这一趋势更加明显。通过互联网手段提升信息公开的力度和水平已经成为传统公益机构的共识，无论是具有公募资质的大型基金会还是由少数志愿者运营的 NPO 都在主动拥抱互联网，进行积极的信息公开与披露，接受公众的监督。

例如，绝大多数具有公募资质的基金会，如中国慈善总会、中国青少年发展基金会、中国扶贫基金会、壹基金等，以及许多 NPO 组织，如腾讯公益慈善基金会、南都公益基金会等，均已在网站上公开了每年度的财务审计信息以及年度工作报告。从而通过网络，用户可以足不出户了解到公益机构的财务信息和项目执行进展，公益机构总体的透明程度相较前互联网时代有着非常明显的提升。根据清华大学创新与社会责任研究中心、清华大学廉政与治理研究中心发布的《中国民间公益机构透明度发展研究报告（2015）》，民间公益机构透明指数 2015 年全国平均得分相较 2014 年上升 16.4%，相较 2013 年上升幅度则达到了 19.1%，显示中国公益行业整体透明程度取得了显著的提升。

这一成绩的取得，除了公益机构自身努力之外，同样离不开互联网公益平台的积极推动。

互联网公益平台上，公益机构和平台处于相互依赖、互相影响的关系。公益机构公开透明度低，不但影响机构自身的筹款，也会影响到所在公益平台的整体声誉。因此近年来，我们看到大型的互联网公益平台，如淘宝公益、蚂蚁金服公益、新浪微博（微公益）等均致力于推动平台上的机构和项目提升透明水平，鼓励公益机构积极主动对项目的财务和执行情况向公众进行披露。

而腾讯公益更是针对性推出腾讯公益项目透明组件，对于在腾讯公益平台上进行筹款的公益项目如何信息披露做出了明确的规定，首次将信息披露的主体由公益机构转向公益项目，使得公众能够了解到更多关于项目的财务和执行信息，帮助公益机构和项目累积长效口碑。

腾讯公益项目透明组件助力公益透明化

腾讯公益于 2017 年上半年正式推出腾讯公益平台项目透明度建设组件（简称透明组件），并以透明组件为基础构建了 2017 年 99 公益日公益机构的准入机制。透明组件不仅可以协助 99 公益日期间的项目进行信息披露，更是一种长效化的机制，是互联网公益平台在公益机制创新方面的重要尝试。腾讯公益希望以公益项目透明组件作为抓手，推动在平台上开展的公益项目进行及时、完整、有效的信息披露，提升平台整体透明程度。

项目透明度建设组件（透明组件）是腾讯公益推出的公益项目信息披露准则与模板。通过透明组件，公益机构可以面向公众披露：1. 一定周期内的募捐金额（该项目的腾讯公益平台筹款额或社会总募款额）；2. 该周期内开展慈善活动的支出数据，及其对应的财务明细报告；

3. 项目阶段性执行报告。

同时通过透明组件，腾讯公益对于平台上公益项目应该给予披露的内容和频次做出了明确的规定。对于未结项的项目，项目执行方须披露项目上线到 2016 年的财务信息（包括募捐收入、花费金额、财务明细报告），且披露频次不少于 1 次 / 年；对于已经结项的项目，项目执行方须一次性补充披露财务信息（包括募捐收入、花费金额、财务明细报告），否则该项目将被视为未完成规定的财务信息披露义务。①

腾讯公益推出的透明组件对于平台生态有着非常积极的意义。透明组件是以公益项目为单位，首次将信息披露的重点由公益机构转向了公益项目，是公益行业信息披露的一次创新。通过透明组件，用户不仅仅可以知悉公益机构基本情况，也可以了解项目的财务和执行状况、项目的进展等信息，从而解决捐赠人与项目执行人之间信息不对称的问题，有助于加强公众对公益事业的信心。

尤其是随着移动互联网的不断发展，公众公开透明意识的不断提升，对于公益机构透明化程度的要求也越来越高。移动互联网的发展大大降低了信息传播的成本，使得许多以前不便公开，或是由于公开成本过高而难以公开的信息得以改变，如果公益行业的透明化不能持续进步，或者一部分公益机构不愿意拥抱移动互联网带来的变化，则有可能会难以满足公众对于透明化的期待，最终引发公众的质疑和不满。因此，面对全新的移动互联网时代，我们不能满足已取得的透明化进展，公益行业透明化需要全行业一起持续不断的努力。

与此同时，行业主管部门也在积极拥抱互联网带来的变革，利用互联网工具提升行业整体透明水平。近年来，民政部委托其下设的事业单位先后开发了“5·12 汶川地震抗震救灾捐赠信息管理系统”、

① 引自腾讯基金会、腾讯研究院《99 公益日白皮书》，2017。

“4·14 玉树地震捐赠信息管理系统”、“中国慈善信息平台”，推动公益机构和公益项目进行系统、完善的信息披露。

2017 年 9 月 1 日，民政部组织开发的全国慈善信息公开平台（一期）正式对外提供信息发布服务。根据相关通知，公益机构应按时发布年度工作报告和财务会计报告，及时公布慈善项目实施情况。凡组织公开募捐活动的机构，必须获得公开募捐资格，并履行募捐备案程序。随着监管部门、传统公益机构和互联网公益平台更加重视互联网为公益事业带来的积极变化，在公益行业透明化水平提升的过程中，互联网将会发挥更加重要的作用。

4. 大众参与走向创新和多元

在传统的公益模式中，用户参与的方式比较单一，以捐款为主，很难用其他方式参与到公益活动中来，参与形式的匮乏，限制了用户深度参与到公益事业的空间。同时许多用户对于参与公益事业的认知也仅停留在捐款捐物层面上，局限了用户的参与感和热情度。

而在移动互联网时代，多样化、个性化的公益活动参与形式成为可能。基于移动互联网构建的在线生活方式，涌现出越来越多的用户参与公益的创新模式，诸如蚂蚁森林、运动捐步、公益一小时等活动相继被开发出来，这些公益项目可以将公众生活娱乐中的常见活动和公益相结合，使得公众不需要直接参与捐赠或是主动进行志愿服务活动，也能在日常活动中进行公益，传播爱心。

因此，借助于移动互联网的特性和公益机构 / 平台的推动，用户参与公益活动的模式日趋多样和创新发展，公益和日常生活的结合日益紧密，推动公益活动的范畴相较以往大幅地扩展，也更加深度激发了用户参与公益活动的热情。

蚂蚁森林利用碳账户推进环保公益

蚂蚁森林是支付宝客户端为首期“碳账户”设计的一款公益行动：用户如果进行步行、地铁出行、在线缴纳水电煤气费、网上缴交通罚单、网络挂号、网络购票等行为，就会减少相应的碳排放量，可以用来在支付宝里养一棵虚拟的树。这棵树长大后，公益机构、环保企业等蚂蚁生态伙伴们，可以“买走”用户的“树”，而在现实某个地域种下一棵实体的树。首期用户的虚拟树将由阿拉善 SEE 基金会在内蒙古阿拉善盟地区种植。

蚂蚁森林，可以使人们更清晰地感知到可持续行为的成就感。蚂蚁金服和北京环境交易所合作，开发了计算相应减排量的方法。用户通过支付宝完成日常生活操作，就会对应明确、可计量的碳减排效果，例如如果每个人完成 3 个一次：每天一次 1 公里内步行上班代替其他交通方式；每月线上缴一次水电煤气费；每周在超市等场景使用 5 次支付宝消灭纸质单据，能够实现人均每天减排 142g。[①]

支付宝蚂蚁森林用户界面

① 引自《支付宝新功能—碳账户介绍：鼓励用户消灭纸质单据》，http://www.mrcjcn.com/n/160795.html

蚂蚁森林自上线以来，得到了广大用户的积极参与。截止到 2017 年 4 月底，蚂蚁森林的用户总数超过 2.2 亿，种植梭梭树总数 845 万棵。[①] 随着用户数的进一步提高，可以期待未来还将有更多的梭梭树和胡杨林落地生根。

益行家创新“运动捐步”公益新模式

“益行家”是由腾讯公益慈善基金会发起的大型户外公益活动品牌。2014 及 2015 连续两年，腾讯公益慈善基金会联合全国多所知名高校，号召在校大学生及往届校友，组队参加为期两个月的运动筹款比赛，为公益项目募集善款。

腾讯益行家活动，创新性的扩展了公益活动范畴，融合公益和户外元素，使得参赛者通过户外运动也能参与到公益活动中来，集快乐公益和人生励志于一身，旨在为中国广大优秀青年群体提供磨砺自我、突破潜能、探索世界的机会。

腾讯公益运动捐步用户界面

2015 年，腾讯公益在过去两年成功举办“益行家”活动的基础上，与数十家知名企业和公益机构一道推出“运动捐步”活动。用户可以每天将自己积累的步数捐出，由企业和公益机构为指定的公益项目进行捐款。

腾讯公益平台通过运动捐步将用户的锻炼活动和公益善行结合起来，使得用户在进行锻炼的过程中也能够积累善行，传递正能量。这

① 引自蚂蚁金服《蚂蚁金服 2016 可持续发展报告》，2017。

种创新丰富了用户参与公益活动的形式，提升用户在公益活动中的参与感，同时也为参与捐款企业带来正面的品牌效应。

运动捐步功能自上线以来受到用户的热烈参与和企业的大力支持。截至 2017 年 12 月 10 日，腾讯公益平台上运动捐步活动参与总人次超过 4.8 亿人次，筹得善款超过 6.5 亿元。运动捐步不仅为用户创造了更多样的公益参与形式，更已经成为腾讯公益平台上善款筹集一支不可忽视的创新力量。①

百度发起“公益 1 小时”活动

百度“公益 1 小时”，指 2012 年由百度和 80 万家百度联盟伙伴共同发起的网络公益活动，开创了互联网公益广告的创新模式。

2017 年 5 月，公益 1 小时迎来全新升级，百度携手壹基金，共同启动“孤独世界因爱多彩”关爱自闭症儿童活动。这次公益活动聚焦自闭症儿童群体，通过手机百度、AR（增强现实）将自闭症儿童群体的故事、相关知识和精彩画作展现给广大用户，通过互联网和科技创新搭建起普通用户和自闭症群体间爱的桥梁。

5 月 23 日 11 时至 12 时，用户只需打开手机百度，进入活动页面点赞送爱心，百度就会因为用户的善举捐出随机金额的善款。1 小时内，爱心网友累计点赞超过 1270 万次，帮助自闭症儿童获得来自百度携手伙伴捐出的善款 1962185 元，预计可使超 5000 名自闭症儿童直接受益。

这种“你来点赞我们捐款”的爱心集赞形式，以创新的活动形式，吸引更多人关注自闭症群体，并借助 AR 技术使得公益更具科技色彩。②

---

① 引自腾讯基金会、腾讯研究院《腾讯公益 10 周年报告》。

② 引自《百度公益一小时为关爱儿童项目点赞》，http://gongyi.sina.com.cn/gyzx/ngo/2017-05-23/doc-ifyfkqiv6734394.shtml

京东公益“旧衣新生”项目整合线下闲置资源

“旧衣新生”是由京东公益于2016年、2017年定期开展的公益活动，旨在借助京东在移动互联网以及物流领域的优势，整合线下闲置衣物资源，以帮助更多生活困难的群体。

用户在活动期间可以登录京东App或者关注京东公益App实现一键预约。预约成功后京东物流工作人员会在约定时间上门提取闲置的衣物，并将衣物交由公益机构进行捐赠、义卖或者环保处理，帮助困难群体改善生活。“旧衣新生”活动在上线后得到广大网友的积极响应。2017年10月开展的旧衣回收活动在短短20天内就回收了30000件闲置衣物，成为激活线下闲置资源进行公益活动的典范。

闲置资源的再分配一直是传统的公益模式中重要的组成部分。然而由于缺乏信息的传递和整合，闲置资源再分配的成本很高而效率则相对较低。同时，受限于物流、仓储等客观因素，一般的互联网公益模式相对更为注重用户的注意力与金钱的再分配。京东公益平台利用京东在物流、仓储方面的优势，结合京东App在移动端的高覆盖率和高打开率，成功地激活用户的闲置衣物资源，将其用于公益事业。

京东公益“旧衣新生”闲置衣物回收计划

在成功开展“旧衣新生”项目后，京东公益又推出了“玩具再动员”“过期药回收”等一系列激活线下闲置资源的互联网公益项目，成功探索整合线下闲置资源的互联网公益模式。类似于分享经济，互联网有助于公益事业从业者整合和盘活线下闲置的资源，降低其再分配成本，升级传统捐物公益模式，也使得用户可以更加便捷、高效地将闲置资源捐出进行公益活动，丰富了用户参与公益事业的渠道，吸引更多人通过“断舍离”参与到公益活动中。

三、互联网公益平台的四大价值

互联网以及移动互联网的发展对于公益事业带来了巨大的机遇和改变，互联网公益浪潮兴起，大型互联网公益平台在这股浪潮中无疑起到了连接、赋能和催化等核心作用，是互联网公益能够蓬勃发展的基础，也是推动互联网公益落地的坚实力量。

如前文所述，互联网具有去中心化、匿名化、实时在线以及连接和传播成本低等特点。正是由于这些特点，互联网改变了我们的生活，也带来了全新的连接模式。

在由所有互联网参与者构成的巨型网络中，有一些中心节点有着远超其他节点的连接数量，承担着信息传输中心的作用，这些节点即为互联网平台。同样在公益参与者和公益机构组成的公益网络中，互联网公益平台也占据着中心节点的位置，发挥着巨大价值。

首先，互联网公益平台是公益机构和用户的连接者

类似于电商平台或是出行平台，互联网公益平台在公益活动中起到的是媒介（match maker）的作用。公益活动是捐赠人和公益机构双向配对的过程，既需要捐赠人寻找合适的公益机构和项目进行捐赠，也需要公益机构寻找潜在的捐赠人进行劝捐。如果用户需要搜寻各类公益机构的网站来寻找合适的公益项目，或是需要公益机构在网络上广泛搜寻潜在的捐赠人，双方搜索的成本都会较高，导致许多潜在的配对无法形成。而互联网公益平台一方面连接潜在的捐赠者，另一方面连接公益机构，汇聚公益信息实现匹配，大大降低了配对的成本，使得高效而低成本的配对成为可能，配对效果大幅提升。

其次，互联网公益平台是公益透明生态构建的推动者

互联网公益平台作为公益信息的汇聚者和传播者，要时时面对虚假信息的挑战，虚假信息的存在会从根本上打击平台的生存和发展。因为互联网公益平台直面最终用户，即使平台不负责项目的财务和具体执行，仅仅是起到项目汇总和在筹款后短时间代为保存资金的作用，也会直接面对来自公众的质疑。因此，互联网公益平台具有推动公益机构透明化的强劲动力，及构建更健康透明公益生态的强烈意愿。

近年来，我们已经看到互联网公益平台为推动透明化和生态构建做出的努力。如腾讯公益推出的公益项目“透明组件”就是典型例子。大型互联网公益平台正在不断完善平台上的信息披露准则，促使连接的公益机构更加具有信息披露工作的动力，通过促进公益机构和项目都能进行及时、完整的透明披露，最终实现完善的透明生态构建。近年来，中国公益机构透明程度不断提高，大型互联网公益平台也在其中贡献了重要的推动力量。

第三，互联网公益平台是公益机构的赋能者

互联网公益平台作为公益网络连接的中心节点，具有先天的连接优势。相较于一般的公益机构，互联网公益平台往往具有更多的用户和流量资源，及更强的触达能力。在与公益机构的合作中，互联网公益平台不仅专注于自身的发展，承担连接器的作用，同时也可以将自身的能力和资源开放，为公益机构赋能，推动平台上公益机构的创新发展。

我们可以看到，在过去的几年中，以腾讯公益、淘宝公益为代表的互联网公益平台，正在不断将自身的核心能力开放给合作伙伴。

在腾讯的 99 公益日活动中，腾讯公益平台不仅为公益机构提供了募捐功能，更是联合腾讯公司多个业务部门的核心资源，如微信、腾讯新闻、腾讯浏览器，乃至腾讯游戏、腾讯视频等共同为公益项目造势，鼓励更多人参与募捐活动当中。受益于腾讯公益平台与腾讯核心产品和能力的开放协同，近年来99公益日筹款额和参与筹款总人次数屡创新高，公益机构也通过参与99公益日得到了切实的成长。

2017年，腾讯公益进一步推出了“创益计划”，首期将提供总额价值20亿元的广告资源，搭建一个囊括公益机构和项目、创意团体、广告创意评选机构以及大众在内的平台，激励多方在充分互动中产出优质的传播成果，帮助公益机构和项目提升公益创意的展现能力。

与腾讯类似，阿里巴巴也将自身的核心能力，如支付宝的九宫格、淘宝的展示页面等向平台上的公益机构深度开放，多方位赋能于公益机构，帮助其获得成长。

在移动互联网时代，互联网公益平台已经当之无愧地承担起了公益机构赋能者的角色。

第四，互联网公益平台是互联网公益理念的传播者

互联网公益平台往往依托于平台型的互联网企业。无论是腾讯公益，抑或是淘宝公益、新浪微博（微公益）、百度公益等，背后都有互联网巨头的支持。这些大型的互联网企业拥有广泛的连接生态和海量的用户群体，因而对于公益信息无疑具有更强的传播能力和更好的传播效果。再加上互联网巨头对于公益活动往往提供不遗余力的支持，整合各类内外部资源向公益活动倾斜。

因此，“人人可公益”的新型公益理念，正是通过这些互联网公益平台以及大型互联网公司运营的门户网站、社交网络、电商网站等资源和产品不断传播开来，使得越来越多的网民能够了解、认识互联网公益的新模式，影响更多的人真正参与到公益事业中来，对公益理念的传播起到了至关重要的作用。

四、传统公益机构的转型实践

在移动互联网时代，面对互联网公益带来的巨大变革，传统的公益机构也纷纷开始转型，拥抱互联网带来的变化，以期能够更好地完成公益活动。近年来，涌现出了一批优秀的传统公益基金会，通过有效、合理地利用互联网，创新了公益活动的模式，提升了公益工作开展的效果。

例如中国华侨公益基金会2016年开始与网络捐赠志愿者组织——“钢丝善行团”开展系列公益合作，共同推动互联网公益。包括成立“中国华侨公益基金会国际钢丝善行团联络委员会”，在海内外开展助医、助学、助残、敬老、扶幼、济困、救灾等社会救助活动。并且通过“慈善商城”平台发起公益劝募，号召和引导合作商家自愿将交易额的1%—3%捐赠等等，是中国华侨公益基金会在互联网公益领域的积极探索。

而中国妇女发展基金会与北京妇产远程医疗技术创新联盟共同发起设立“互联网+女性健康促进基金”。该基金以创新驱动为指导，以提升妇科远程医疗技术创新为目标，运用互联网思维和信息化技术，构建以北京妇产远程医疗技术创新联盟远程会诊中心为依托，联合全国各级妇产医院为远程会诊基地的全国性妇产科远程医疗联合体，通过开展妇科疾病防治、孕产保健、健康管理等工作，实现纵向医疗、分级诊疗、协同医疗、技术帮扶、专科建设、学术交流、科研合作等目标，惠及女性，造福社会。中国妇女发展基金会通过创新，将互联网和公益诊疗结合起来，开拓了新型互联网公益模式。

两家传统基金会探索创造互联网与公益结合的新模式，并取得了阶段性成果，进一步验证了公益活动与互联网有着天然的契合。期待越来越多的传统公益慈善机构能够积极拥抱互联网，创新公益模式，提升公益项目筹款、管理和执行的效率，更好地完成各项公益工作。

广州市慈善会使用互联网平台进行联合劝募，与草根机构分享公募权

广州市慈善会成立于1994年，是由社会各界热心慈善事业的团体或个人志愿组成的依法注册登记地方性公募基金会。广州市慈善会办会宗旨是发扬人道主义精神，扶贫济困，见难相助，帮助社会上的困难人群，体现人类社会的进步和发展。广州市慈善会自成立以来，一直致力于广泛动员社会力量，与民间公益机构合作，践行公益慈善理念。

作为一家传统的公益慈善基金会，广州市慈善会在互联网公益发轫之初就积极拥抱互联网，长期致力于通过自身的互联网公益平台，整合民间的公益力量，将自己的公募权开放出来与运行良好的草根公益机构共享。近年来，通过与不同类型的公益机构合作，广州市慈善会在平台上开展了如“爱蕾计划”“为生命续航”等一系列优秀的公益项目，不仅使得许多困难群体得到了帮助，也壮大了广州市民间的公益力量。

广州市慈善会对互联网公益的创新探索也得到了国家主管部门的认可。2016年，广州市慈善会信息平台入选首批13家互联网募捐信息平台名单，且为名单中唯一由地方公益机构运行的平台。截至2016年底，广州市慈善会共募集捐款25.9亿元，成为传统公益基金会积极拥抱互联网变革、善于使用互联网工具的典范。[①]

开放是互联网的根本特性，而互联网公益无疑也是一种开放的公益模式。互联网公益并非专属于互联网公益平台，而是任何传统的公益机构都面临的共同时代机遇。当然，我们欣喜地看到已经有相当数

① 引自《广州市慈善会简介》，http://www.gzcf.org/WebSite/ShowNews/503/7

量的传统基金会主动加入这一转型浪潮，与广大公益事业参与者一道不断创新探索优秀的互联网公益新模式。对传统公益机构而言，不仅是中国公益事业发展的基石，而且在互联网公益发展的道路上，传统的公益机构也是不可或缺的推动力量。

五、互联网公益的未来畅想

如同一枚硬币的两面，互联网以及移动互联网的出现为公益事业的进步带来巨大机遇，同时也引发了一些新的问题和挑战。如果不能合理地解决，将对中国公益事业整体发展产生不利的影响。

在移动互联网时代，信息的传播已经呈现出非常明显的去中心化趋势，人人皆媒体是这个时代的重要特征。互联网的匿名性和强传播性意味着任何信息都可以在网络上进行传播，但也意味着受众更难分辨信息发布者的身份，也难以确认信息的真实可靠性。

由于公众对于公益事业具有非常高的关注度，关于公益事业的不良信息，很容易在网络上进行传播和扩散，对相关的公益机构和参与者造成伤害，损害公益行业整体的声誉。这些新的挑战，不仅需要国家司法机关加强打击力度，也需要互联网公益平台与公益机构进行更加紧密的协同，同时提升社会公众对于信息真伪的辨别能力。

互联网是人类 20 世纪下半叶最重要的发明，承载着人类构建一个更美好世界的期望。许多人预料到了互联网的出现和发展将会对我们的世界带来不可估量的改变。但即使是最乐观的未来学家，也未必能够预计到互联网变革社会的速度。

在万维网被发明出来不到 30 年的时间里，互联网已经席卷全球，为无数的行业带来深远的变革。而移动互联网的出现和发展，更是让我们可以时时刻刻网络连接，通过互联网处理工作、生活中的绝大多数事情，在线不仅仅能够帮助我们更好地生活，在线已经成为生活本身。我们有幸生活在这样一个时代，见证互联网的变革力量。

互联网自开始被广泛运用以来，便已经与公益产生结合。通过社会各界力量的不断探索，互联网与公益碰撞出了全新的火花，创造出了更多新型的互联网公益模式，全方位地改变传统公益活动的运作，对公益事业的高速发展提供了全新的助力器。

未来，随着移动互联网的进一步发展，互联网公益也会进入全新的发展阶段，有望出现以下新趋势。

首先，互联网发展会推动公益全行业组织加速融合。互联网公益第一阶段是用互联网工具，推动公益机构发展。第二阶段，以互联网产品思维改造公益项目。下一阶段，公益将和互联网深度渗透，各类公益机构形态融合加速，甚至有可能出现新型公益活动组织方式，如公益人在项目制下快速集合，完成项目后解散等。在网络协作工具下，一方面人人皆有可能是公益从事者；而另一方面，专职的公益事业从业者数量可能会有所减少。

第二，公益活动关注的内容将逐渐从财物的再分配转向注意力资源的分配。传统公益慈善是通过对钱和物的二次分配和转移解决社会问题，过去十年互联网公益则利用技术力量将这一过程效率极大提升，其中表现最显著的即是筹款速度与金额的提升。同时，互联网公益项目在社交网络的传播扩散，也起到社会心智聚合，善意扩散的作用。

而未来随着人工智能的大规模普及，生产效率将大幅提高，物质将非常充裕。换言之，物品相对会越来越便宜，而人的注意力会越来越珍贵，即心智将超过钱物，越来越成为解决社会问题的关键力量。互联网公益逻辑也将发生巨大转变。公益活动的主要内容将逐渐不再是分配钱物，而是分配注意力资源。

社会注意力和社会心智的核心组织形式将仍是社交网络。未来，社交网络和社群将成为公益的核心力量来源。公益机构将日益社群化，可由社会问题聚合成一个公益机构，而一个公益机构演化成一个社群，将其服务的对象、支持方、机构聚合在社交网络。未来互联网公益的重点方向在于对人的动员和聚合。

此外，公益问题清单和议程设置也将重构，未来互联网公益的项目主体很可能不再是疾病救助，而是疾病预防。关注提出社会问题的能力，解决问题的创新视角，将成为公益机构的核心能力。

第三，公益与科技的结合将更加紧密。科技发端于工具的使用和发明，公益发端于人类的协作，两者共同推动人类文明发展。科技和公益，都体现着“人之所以为人”的终极本质。未来人类和科技结合会更加紧密，随着智能设备和生物技术的研究进展，人类会和设备进行一定程度的融合。科技让生活更美好，但科技本身没有价值观，并不限定用途。如何避免科技的负面影响，把握科技的演化方向，将是人类需要共同面对的挑战。

公益未来目标应该包括让公益的理念贯穿到每一个科技产品之中，帮助科技实现更大价值。未来互联网公益，将是科技和公益的融合。一方面公益会吸纳科技力量，促进公益本身发展；另一方面，公益也将反哺科技，为科技发展提供支持，探索和促进新技术的诞生，规范新技术的使用。

我们没有理由认为互联网的发展会放缓，也没有理由认为互联网公益的脚步会停滞。互联网和公益结合催生的新型公益模式，将对公益事业的发展起到更大的助推作用。我们期待随着移动互联网的进一步普及和深化，科技创新的力量会更加凸显，互联网公益的模式孕育出更多的创新和突破，成为引领未来公益事业发展的新潮流和新力量。

第五篇

未来展望

- 引领未来，移动互联社会的时代之势

第八章

引领未来，移动互联社会的时代之势

美国科幻小说作家威廉·吉布森说过，未来已经到来，只是尚未流行。展望移动互联下的未来社会发展，科技赋能、融合共生、双创引领无疑是时代的趋势缩影和核心主题。

基础性创新技术进一步完善了互联网的功能性，科技创新的要素正在加速流动，成为当代中国发展新动能的重要来源。在其推动下，一场深刻的数字化创新变革奔涌来袭，互联网与传统产业碰撞出的火花不断，潜力凸显，数字经济与实体经济的结合更加紧密。而且互联网“去中心化”的特点，使得人和人实现了更直接、更多元、更平等的连接，创业创新的活力得到激发。无论个体、还是企业，均有望在创业创新的浪潮中孕育新一轮的发展机遇。

未来已来，移动互联网与社会加速融合创新，正在为中国社会发展打开新的想象空间，有望极大地重塑我们的社会形态，一切值得期待，一切无限可能。

一、科技创新迎来中国声音

从“互联网 +”创新热潮涌起，到人工智能、物联网、5G 等新科技正在日新月异地更迭，“科技改变生活”正逐步成为现实。不仅在全球范围内为人类社会带来新机遇，科技创新的中国声音也在世界舞台上越发响亮。

从 2014 年起，连续四年，每年的 11 月—12 月期间，来自全球超过百个国家和地区的数千位嘉宾，会齐聚于乌镇“世界互联网大会”，进入到科技创新的“中国时间”。2017 年第四届世界互联网大会的主题是“发展数字经济 促进开放共享——携手共建网络空间命运共同体”，国家主席习近平在会上指出“中共十九大制定了新时代中国特色社会主义的行动纲领和发展蓝图，提出要建设网络强国、数字中国、智慧社会，推动互联网、大数据、人工智能和实体经济深度融合，发展数字经济、共享经济，培育新增长点、形成新动能。中国数字经济发展将进入快车道。中国希望通过自己的努力，推动世界各国共同搭乘互联网和数字经济发展的快车”。

科技潮流发展迅速向前，整个经济社会在其裹挟下都迈入了全面数字化的进程。以云计算、大数据、人工智能等为代表的新型基础设施，不但开始为各个产业的革新提供源动力，而且逐渐构成新型社会管理的主平台，并为前沿科技的发展与应用打造强载体。各行各业的商业企业、公共服务部门、教育科研机构、公益机构以及文化创意组织等，都希望搭上数字化转型升级的快车。

在这股浪潮中，科技创新，已不再是单纯的理论概念，当前已经从实验室走向应用市场，成为驱动中国经济转型升级的强大动能。习近平总书记在2017年10月中国共产党第十九次全国代表大会上所做的报告中指出“推动互联网、大数据、人工智能和实体经济深度融合”，及“创新是引领发展的第一动力，是建设现代化经济体系的战略支撑。加强应用基础研究，拓展实施国家重大科技项目，突出关键共性技术、前沿引领技术、现代工程技术、颠覆性技术创新，为建设科技强国、质量强国、航天强国、网络强国、交通强国、数字中国、智慧社会提供有力支撑”。无疑从国家层面突出了科技创新的重要战略地位。

当前，尤其以人工智能为代表，正在缓缓揭开时代变迁的新篇章，在其驱动下，中国科技术社会的演进图谱中即将出现超越历史以往时刻的峰值。

人工智能通过赋予机器视听感知和思考能力，促进生产力的发展，同时对于经济社会的运行方式起到重大作用。人工智能是当前人类所面对的最为重要的技术变革，在人工智能浪潮下，一个新的世界即将到来。

中国政府高度重视人工智能发展，从国家战略层面进行整体推进。而基于广泛的人工智能应用场景，全球最多的用户和活跃的数据生产主体，中国有望成为人工智能应用的最佳市场。无论是顶层设计抑或是产业布局，政府和企业都在推动人工智能时代的到来。

2017年7月20日，国务院印发《新一代人工智能发展规划》，并确定了中国人工智能“三步走”战略目标：到2030年中国人工智能产业竞争力达到国际领先水平，人工智能核心产业规模超过1万亿元，带动相关产业规模超过10万亿元。

全球科技巨头例如苹果、谷歌、微软、亚马逊、脸书等，无一例外投入越来越多资源抢占人工智能市场，甚至整体转型为人工智能驱动的公司。国内腾讯、阿里、百度等互联网企业也将人工智能作为重点战略，积极布局人工智能领域，争取通往人工智能世界的“船票”。

据腾讯研究院分析，截止到 2017 年 6 月，中国人工智能企业近 600 家，位居世界第二，仅次于美国。而且据乌镇智库统计，中国在技术专利上不断突破，2016 年人工智能申请专利数量达 15745 个，与美日两大技术创新强国并驾齐驱。

从产业创新来看，人工智能在技术层和应用层等领域也在不断突破。中国有数百家创新企业正致力于人工智能技术层和应用层的研发，在语音识别、图像识别等领域取得进步，同时在自动驾驶、智能医疗、智能制造、智能商业等领域应用加快，已涌现出一批新技术、新业态、新模式和新产品的突破式发展，有望给传统行业带来深刻的产业升级和变革。

腾讯在人工智能的战略方向上提出了一个较为平实的愿望“Make AI Everywhere”（让 AI 无处不在），主要从技术、场景和平台三个层面打造这项基础能力。围绕着腾讯核心业务和场景，人工智能布局在游戏、内容、社交、金融、医疗等方面正在快速展开。

对于数字内容产业而言，海量数字内容的集成与大规模分发，能够充分发挥云、大数据与人工智能等数字生态基础设施的优势。机器会替代许多人力，但它需要既理解用户，也理解内容，才能完成最优的个性化匹配，从而解决内容的无限膨胀与用户的有限注意力之间的矛盾。在内容生产领域，人工智能正在颠覆旧的内容生产方式，打开人机协作未来篇章。

作为国内首个基于机器学习的智能写作平台，腾讯 Dreamwriter 以技术创意推动内容生产创新，结合大数据资源和交叉算法技术，第一时间准确输出完整稿件。目前已打通在体育、财经、证券、科技等多领域的批量报道及规模应用。凭借平均单篇成文 0.5 秒的速度优势，以及建立对赛事、行情等的全方位监控和 24 小时自动播报，形成了一套高效互联的内容生产、分发传导链条，零时差抢占报道先机。从而通过人工智能技术革新旧有内容生产方式，顺应了“智媒时代”的趋势与潮流。

在“互联网 +”传统行业的进程中，人工智能带来的变革也已经逐步凸显。

例如医疗领域，人工智能在医疗行业的应用最早可以追溯到 20 世纪 70 年代的“专家系统”。进入 21 世纪，随着深度学习的兴起，医疗人工智能的发展也由此上了一个新的台阶。

2017 年 6 月，腾讯首款人工智能医学影像产品“腾讯觅影”发布，通过深度学习内窥镜、CT、MRI 所产生的医学影像，发现病变征兆。目前，基于国际领先的肺癌识别算法，“腾讯觅影”对早期肺癌的敏感度可以达到 85% 以上，同时在良性肺结核的特异性可以达到 84% 以上，能够超越普通医生（平均）水平，并与优秀医生水平对齐。实现通过人工智能赋能医疗机构和医生，促进医疗服务效率和体验的飞跃。

同年 10 月，腾讯携手西部眼科联盟，成立人工智能医学影像联合实验室，依托腾讯觅影技术，共同启动眼底筛查临床预试验，弥补西部地区医疗资源紧张和医疗水平分布不均衡的差距。西部眼科联盟以西安市第四医院为核心，由西部 7 省区的 69 家医院组成。而这也是腾讯觅影继食道癌早筛、肺结节早筛后的又一病种突破，以及首次与区域性医联体合作落地，尤其在西部具备典型意义。

在科技部召开的新一代人工智能发展规划暨重大科技项目启动会上，“腾讯医疗影像人工智能创新平台”入选首批“国家人工智能开放创新平台”，同批入选的还有百度、阿里、科大讯飞等互联网企业。

在交通领域，百度深耕自动驾驶技术。2017 年 4 月，百度公布阿波罗自动驾驶技术开放计划，向汽车行业及自动驾驶领域的合作伙伴提供一个开放、完整、安全的软件平台，帮助他们结合车辆和硬件系统，快速搭建一套属于自己的完整的自动驾驶系统。阿波罗平台是一套完整的软硬件和服务系统，包括车辆平台、硬件平台、软件平台、云端数据服务等四大部分。百度还将开放环境感知、路径规划、车辆控制、车载操作系统等功能的代码或能力，并且提供完整的开发测试工具。同时会在车辆和传感器等领域选择协同度和兼容性最好的合作伙伴，推荐给接入阿波罗平台的第三方合作伙伴使用，进一步降低无人车的研发门槛。[①] 截至 2017 年 7 月，百度已与全球 60 多家企业、超过 200 款车型展开合作，通过全面开源无人驾驶技术，推动对于传统汽车行业的赋能和改造。

正如习近平总书记在十九大报告指出“建设现代化经济体系，必须把发展经济的着力点放在实体经济上”。未来，人工智能与越来越多的实体经济各领域相融合，提高实体经济运行的效率，降低生产成本，开辟崭新的经济增长空间，是加快实体经济转型升级的必然发展方向。

在这个过程中，云、大数据与人工智能三者都将发挥协同合力。我曾用这样一句话来描述未来数字时代的图景：各行各业在云端用人工智能处理大数据。

一方面，“云化”是数字时代的一种重要创新模式。数据和算力在“边缘”分布还是在“云端”集中，并不互斥，而是相辅相成。各种资源和能力只有实现“云化”，才能从“冰块”变成“活水”流动起来，才能真正纳入数字化管理，实现大范围匹配后的精准分配或科学分工。

另一方面，当更多的互联互通得以实现，数据量将会呈爆发式增长。庞大的数据量及其处理和应用需求催生了大数据概念，数据日益成为重要的战略资产。数据资源将是企业的核心实力，谁掌握了数据，谁就具备了优势。对国家也是如此。美国政府曾认为，大数据是“未来的新石油”、数字经济中的“货币”，是“陆权、海权、空权之外的另一种国家核心资产”。数据，已成为驱动经济发展的关键生产要素。

① 引自 http://news.xinhuanet.com/local/2017-04/20/c_129552605.htm

基于对数据的采集与深层应用，人类将以前所未有的方式在全球范围内实现生活和生产的智能协同。

当然，在科技创新的进程中，除人工智能外，区块链、5G、物联网等前沿科技都存在着巨大的应用前景，国家也已经对于这些战略性前沿技术提出规划，并进行布局。

正是由于以上多种技术热潮的叠加，未来技术社会的演进将有望迎来超越互联网、移动互联网时期的高峰，科技创新将会以前所未有的广度、深度与我们所在的世界紧密结合，更好地赋能于社会生态和各类参与主体。

2017 年 6 月，由世界知识产权组织、美国康奈尔大学和英士国际商学院共同发布《2017 年全球创新指数》报告显示，中国排名居第 22 位，比 2016 年上升 3 位。中国是首个进入前 25 强的中等收入国家，这也意味着，中国与发达国家创新差距正在逐步拉近，已经成功跻身全球创新领导者行列。

我们相信，在科技赋能的社会进程中，在科技创新的世界舞台上，中国将会发出愈发响亮的声音。

二、数字经济与实体经济融合共生

以互联网、移动互联网为代表的数字技术，正在加速与经济社会各领域深度融合，由表及里地融入各行各业的全流程，线上线下开始打通成为一体。在这个进程中，整个实体经济社会的全面数字化是前所未有的，数字经济和实体经济的融合发展，将有望成为中国经济转型的新方向。

据腾讯研究院分析，2016 年全国数字经济总量达到 22.77 万亿元，占据全国 GDP 总量的 30.61%，数字经济指数如果增加一个百分点，GDP 上升 1406.02 亿元，大约能带来 1.73 万个就业机会。数字经济在国民经济中所起的作用越来越重要。随着数字经济与实体经济融合共生的趋势愈发明显，无论是个人、企业、社会都将会迎来更大的发展和想象空间。

智慧生活，开启个人生活新篇章

互联网 + 消费领域，举例而言，当前中国已经成为全球公认的最大电子商务市场，而且据毕马威（KPMG）报告显示，中国电子商务市场 2020 年将达到美国、英国、德国、日本和法国电商市场规模的总和。除了网购市场持续升温之外，作为全球科技革命和产业革命下涌现出来的新业态和新模式代表，分享经济正在成为席卷全球的力量和风潮。

分享经济借助于"互联网 +"的先进技术，以更低成本和更高效率连接整个社会的经济剩余资源。据腾讯研究院分析，截至 2016 年年底，整体市场交易规模突破 2 万多亿元，同比增长 110%，而且通过促进原本禁锢资源的市场化流动和分享，有望解决传统行业痛点和民生问题。最近一年来，在泛分享经济的新社会示范作用下，已在多个领域形成新兴业态，培育新的消费增长点。

正如习近平总书记在十九大报告指出"在中高端消费、创新引领、绿色低碳、共享经济、现代供应链、人力资本服务等领域培育新增长点、形成新动能"。未来，以分享经济为代表的新兴业态更多崛起，不仅仅是商业和资本的盛宴，同样有望成为经济增长的新动能。

网络文化领域，在文化领域，以"泛娱乐"为代表的网络文化产业蓬勃发展，根植于互联网基因，不仅为大众提供了愈发丰富的文化体验，也为普通人造就了成为文化舞台上主角的机会。同时，衍生出的新业态和新动能价值凸显。

例如，内容变现也在泛娱乐浪潮中呈现新趋势。从文化产业版权缺乏保护，到自创内容高价格的变现实现，再到音频、直播、自媒体、文学等多种内容通过问答、打赏等多样化变现途径，网络文化产业在野蛮生长的丛林中独辟蹊径，俨然已经步入内容创作与收益齐头并进的高增长时代。穿越丛林，将是一片更为广阔的发展天地。

同时，科技与文化的融合呈现出更加开放、多元和个性化并行的趋势。人工智能技术可以为人类个性化推荐信息，机器与人类可以进行对话甚至游戏等多种形式的互动体验，传统的文化形态逐渐升级，科技与文化相融合，呈现全新的发展气象。

互联网金融领域，移动支付的普及，形成对于现金支付新的补充，不仅能够为大众提供一种更好、更便捷的支付体验，同时助力实现金融更普惠、商业更智能、社会更高效。

一种通俗的说法，出门“无钱包”时代悄然开启。截至2016年12月底，腾讯移动支付的月活跃账户及日均支付交易笔数均超过6亿。这意味着，以移动支付为代表的电子化支付形式渗透进日常生活，成为日常小额支付场景中的主要支付方式，也潜移默化构成了独具中国特色的创新性、普及型的生活方式。

同时，随着移动支付场景极大丰富，开始向多种线下场所大规模渗透。例如，以微信支付为核心的“智慧生活解决方案”已覆盖数百万门店、30多个行业，无疑也推动传统行业的不断升级。

伴随着中国互联网金融的发展进程，整个社会和金融服务都将变得更互联网化，智慧生活开始落地生根，信用社会不断完善。而且以移动支付为代表，在基础技术、应用场景以及商业模式等层面中国已处于全球领先地位。不仅仅是国家软实力提升的标志，也是全行业参与者共同的机遇。①

① 引自腾讯《2017智慧生活指数报告》。

在这些极富有中国特色的创新业态之外，移动互联也已全面融入互联网 + 教育、互联网 + 医疗、互联网 + 旅游等更多的消费业态，同样显露出创新发展之势。

互联网 + 医疗，当前通过手机端的预约挂号，查看排队人数、下载检验报告，病患和医院在互联网平台的帮助下实现信息交互，减少不必要的误解，合理安排时间，减少排队等待的时间，看病难的问题在一定程度上得到缓解。而未来，更多智慧医疗的应用场景已经在规划和落地应用中。

例如，复旦大学附属妇产科医院与腾讯公司展开合作，以“智慧医院”应用升级为抓手，就微信公众号、微信医保支付、微信商保支付、新农合异地结算等众多领域展开合作，为患者提供更优质、更人性化的就医体验。包括助力医院打通公众号与小程序，优化患者的就诊流程，提升服务效能，及上线微信医保支付，实现社保卡从预约、挂号、就诊到住院的全流程支付，彻底打通用户网上就医支付的“最后一公里”。在商保和新农合方面，医院也将联合腾讯打造商保统一对外平台，实现商保在线快速赔付、新险种的定制化设计、场景化保险的应用。同时将微信新农合支付与现有的新农合受理窗口相结合，把异地结算环节转移至线上，以往繁琐、漫长的异地报销流程被缩短到 1 分钟，大幅降低患者的时间成本和现金压力。

互联网 + 教育，例如“互联网 +”使得之前只能在有限场合，服务于固定人数的教育资源，通过在线 / 移动视频的传播，服务于更多人群、并且脱离了地理空间的限制，大大拓展了优质教育资源的供给限制，为三、四线城市及偏远农村的学生提供了新的选择。

未来，伴随着移动互联和人工智能等时代大幕拉开，越来越多的拓路者已在前行，未来畅想的智慧生活应用场景实则已来。

实体产业转型升级，推动生产方式大革新

互联网＋制造业领域，目前互联网与各行各业的纵深融合，正是在“上下行”两条路上发力：一条是从线上往线下做，这是多数互联网公司目前倾力而为的方向；另一条是线下大量的传统企业“反攻”线上，无论是商业零售，还是物流交通，甚至是制造业、农业等传统行业，都希望借助数字化实现产业迭代。

我们已经看到，越来越多的企业从简单“触网”，发展到整体“上云”，把全产业流程镶嵌到更为开放的网络中以激发更多创新，并将决策控制建立在流动的实时数据上，以大幅优化资源配置，提升效率。

以制造业为例，制造业是中国经济发展的根本，也是经济增长的脊梁。数字经济与制造业的融合，应当有更加系统的规划、从顶层设计开始改变，由需求引发供给，通过云、大数据、柔性制造等，真正让数据爆发力量，实现生产资料效率最佳的配置。

互联网＋农业领域，作为传统产业的重要组成部分，农业在国民经济中占据重要的位置。但中国农业传统发展模式陈旧，科技含量低，农业生产长期处于低效运行的水平。

伴随着中国农村互联网普及率的提升和大数据、云计算等技术发展，中国农业领域的创新转型也在不断进行。移动互联时代的农村正因智能手机的普及带来数字红利，互联网及移动互联在优化传统农业发展方式、加快新农村建设步伐和提高农民收入水平等方面都发挥了重要的作用。

从实践来看，互联网对农业流通领域的改造主要表现为农产品电商这一形式。农村电商的发展有利于农业生产者和市场消费者的直接对接，从而通过减少农产品流通的中间环节来直接增加农民的收入。除此之外，互联网与农业的深度融合盘活了农业资本市场，为传统金融机构触及不到的群体尤其是农民个体解决了实质性问题，为农业发展提供了更多的资金和技术服务途径。

农村基层政府也开始积极探索电子村务建设，基于网络构建农村公共服务平台，推动村务公开、网上办事并和村民在线进行互动交流，从而打造惠农利农的阳光新窗口。农业部2017年也借助微信小程序推出线上培训平台——“全国农民手机技能培训”小程序，面向全国农民，具有信息发布、学习互动、视频点播、在线评选等功能，有助于降低政府在农业政策普及、农业资讯传播、农业信息培训等推广成本，对于农民而言，也实现更大范围和更高便利性的公共服务体验，成为政府部门与农民沟通的新桥梁。

未来，农业、农村和农民的资源要素、发展环境与现实需求将进一步被互联网渗透，尤其是移动互联网凭借其强大的“连接能力”所带来的生命力，亦会进一步促进“三农”各主体的内生长，将真正“赋能于农”，弥合城乡差距、激活农业、重塑农民的价值。

社会治理普惠发展，赋能于政府和更广泛机构

互联网+政务民生领域，移动互联网的发展进程，不仅能够使其在商业服务领域发挥作用，同样可以使中国效率低下的公共服务系统得到改进。在人口庞大、公共服务资源相对有限的情况下，亟需满足国民对公共服务的要求，发挥公共服务系统的全部能力。

当前，智慧民生正式步入移动大发展的元年，政府、服务、用户全面触网，移动政务全面提升公共服务效率。不仅公安、医疗、人社、公积金等重点公共服务连接大幅提升，同时智慧民生的普及让全面参与治理成为可能，环保举报、食品药品投诉举报、诈骗信息举报等服务相继平移到微信平台。智慧公共服务的连接，有望成为改善民生、增进社会福祉的强力助推器。

互联网公益领域，科技与创意聚合赋能于公益，科技让公益变得更加便捷，文化和创意的能量则激发更多人参与公益的兴趣和热情，推动互联网公益行为正在全场景、立体式地覆盖人们的生活，并呈现出一种主动参与、频率越来越高、渗透越来越深广、发展越来越快速的趋势。

例如，腾讯公益平台十年发展，累积捐款规模超过30亿元，人数超过1.4亿人次。在2016年的99公益日677万的捐款人次中，有77%的捐赠来自新捐赠者。

正是由于互联网产品的连接力，从传统慈善到指尖公益，从单一捐赠到全民参与，推动公益在更大范围内普及，步入透明、互动、开放、连接的全新生态。

当然，移动互联，连接一切。以上所阐述的代表领域只是移动互联改变中国社会的典型缩影。

据《2017中国移动互联网发展报告》显示，全球移动互联网市场高速发展，从App Store与Google Play商店2016年全球热门应用下载量排名来看，中国与美国分别位居一、二，两国在全球移动应用市场占据主导地位。中国移动互联网应用的渗透率在不断提升，从旅行到游戏，从音乐到沟通，从餐饮到打的等，一切皆网络。

未来，伴随着数字经济与实体经济的融合共生，整个经济社会全面数字化的进程加速，新模式、新技术、新产品等层出不穷，中国也将全力迈向产业创新的主导者与重构者。

三、创业创新走向世界舞台

近年来，国家出台一系列旨在打造大众创业、万众创新的有力政策措施，全国创业创新的热情高涨，创业创新正在发展成为价值导向、时代气息和中国力量。

第71届联合国大会把中国政府提出的“大众创业万众创新”理念写入决议，并把每年的4月21日作为世界创意与创新日，呼吁全世界各国共同推动支持创业创新，这成为中国智慧对世界的又一新贡献。

2017年6月27日，李克强总理在夏季达沃斯论坛开幕致辞中提到，近年来，中国深入实施创新驱动发展战略，广泛开展大众创业、万众创新，来厚植社会创业创新的沃土，取得的成效超出预期。中国的创业创新，是社会成员广泛参与的，是人民群众普遍受益的，有力地促进了经济转型升级。因其“众”而成其快、成其势、成其强，是实现包容性增长的有效途径。

正是伴随着“互联网+”、人工智能、分享经济、数字经济等新技术、新业态发展，创业创新的浪潮正酣，不仅对于经济发展的贡献日益增强，同时改变着数亿中国人的生活和工作，也将成为中国走向世界的“新名片”。

首先，对于个体而言，通过移动互联和创业创新，能够实现以更多和更好的连接减少“信息孤岛”，赋能于细微个体，提供更多公平参与的机会，更加便利地实现创业创新致富。

例如农村电商，对于落后贫困地区的中国人而言，已经成为连接鸿沟，脱贫扶贫的有效抓手。分享经济下，个体既是消费者，也是生产者，大大激发了创业创新活力，实现“人尽其才，物尽其用”。据公开资料显示，2016年城镇新增就业中，新动能的贡献率占70%左右。

其次，从创业企业层面而言，过去，中国互联网企业主要扮演技术跟随者与借鉴者，但今天在全球范围内已经没有多少可供借鉴和参考的经验，中国互联网企业正在逐渐成为技术的驱动者和贡献者，通过持续创业创新来开辟前路。

当前互联网市场的腾飞孕育了一批具有竞争力的“中国巨龙”。

2016年底，全球市值排名前十的互联网公司中，中国占据其中四席。巨头之外，近年来中国互联网行业也涌现了一大批颇具规模的新创公司。据波士顿咨询公司研究显示，221家全球独角兽中，中国企业数量占三成（63家），估值占比高达四成（合计约3300亿美元）。

而对于众多独角兽而言，中国4年内成为独角兽的企业比例高达76%，2年内成为独角兽的占比也有46%，而美国相应的比例仅为30%和9%。中国的独角兽平均花费4年，而美国则要花费7年。[①]资本红利，市场红利等众多因素加持，为初创企业的发展提供了巨大的加速空间。

移动互联网时代，用户需求和产业发展实现更紧密的连接，为各行各业带来了新的发展机遇，也萌生新的游戏规则。细分领域领头羊出现，新技术和新业态等催化孕育各领域新一轮的竞争格局变迁。

以最近火热的共享单车为例，仅仅成立不到2年时间，据披露共享单车代表企业的日订单量就超过了2000万单，远超过淘宝，甚至已超过滴滴出行破日千万单所花费时间。而共享单车的成功，只是中国互联网经济发展和创业创新红利的一个代表。

而且，随着互联互通进程的深化，每一个人、每一家企业或组织都会通过数字技术紧密地联系在一起，生活、生产以及各种生命活动都交织在一起，在这个数字生态共同体中大家命运与共。平台型生态企业，作为基础设施提供者，在数字生态共同体中承担着更大责任。

当下，微信已升级为大量初创应用密不可分的基础设施，通过数亿规模潜在用户的引流，为新兴应用快速获得海量用户提供支持；通过第三方支付工具，培育线上线下场景支付的广泛普及；通过小程序的智慧解决方案，实现原本孤立分割的跨场景智慧连接等。

---

① 引自波士顿咨询公司《解读中国互联网特色》。

最后，在走向世界的全球化开放浪潮中，及中国“一带一路”倡议和其他政策红利的引领下，中国互联网企业也越来越多的扬帆出海，探寻全球创业创新浪潮中更庞大的潜力和机遇，也无疑在推进中外人文、贸易、设施等各方面交流共享中贡献潜移默化的力量。

正如习近平总书记在十九大报告指出“加强中外人文交流，以我为主、兼收并蓄。推进国际传播能力建设，讲好中国故事，展现真实、立体、全面的中国，提高国家文化软实力。”以中国内容产业的出海企业为代表，文学、游戏、直播等各细分领域，正在沿着一带一路的路径，不断向东南亚、中亚、北非、东欧等明星或新兴国家，输送成熟的产品和运营方式，在创造经济价值的同时，也以此为基础，促进一带一路沿线国家的文化交流和沟通。

无疑，当前是创业创新最好的时代，以网络化、数字化和智能化为代表的新一轮工业革命背景下，新技术、新产品、新产业、新模式将快速爆发，创业创新的发展迎来史无前例的历史机遇，同时也承载着拉动国民经济发展和提升国家竞争力的历史使命，在其推动下，中国社会将迎来新的时代浪潮。

四、新的时代展望

对于移动互联网下的中国社会未来发展，我们心怀期许。

这种信心，不仅仅来自于互联网发展的中国速度。据 CNNIC 数据显示，截至 2017 年 6 月，中国的网民总数已达 7.51 亿人，经过近 10 年的快速增长，已开始趋于稳定发展。以互联网为代表的数字技术正在加速与经济社会各领域深度融合，成为促进中国消费升级、经济社会转型、构建国家竞争新优势等重要推动力。

虽然规模大，但相比庞大的人口基数，数字鸿沟仍然存在，中国互联网普及率仅为54.3%，相比发达国家互联网普及率高于80%，G20国家互联网普及率近70%，中国互联网未来仍有较大增长和想象空间。对于那些还没有联网的人们，4G（第四代移动通信技术）等基础设施的铺设、移动互联网服务的跟进，无疑是改善他们生活现状性价比最高的投入。移动互联下的中国社会迈向普惠包容，是我们共同期待的未来。

对于未来的信心，更加来自于时代大势。

我们有幸生活在一个能够亲眼见证科技改变生活的时代。人工智能等最新技术已经开始渗入生产生活的多个方面，在智能浪潮的推动下，旧的产业会以新的形态出现形成新产业，也将催生众多新的业态。众多的创业企业和个体投身于双创热潮中，推动新业态蓬勃发展，也促进传统业态重新焕发生机。

未来，随着中国社会的全面数字化进程，数字经济和实体经济的分野会日渐模糊，最终将消失。既没有纯粹的互联网企业，因为互联网已经是覆盖全社会的基础设施；也没有纯粹的传统产业，因为所有传统产业都已经嫁接了互联网基因。也就是我们常说的，当没人再单独提互联网的时候，就是“互联网+”进程真正完成的时候。大融合，才是科技进步的真正主题。

终究，当我们站在未来回溯当下，移动互联的崛起，揭示了中国社会变迁的历史进程，息息相关，脉脉相通，也势必将成为时代赋予中国，一个发展中大国的历史机遇和宝贵财富。

参考文献

1.《互联网+：国家战略行动路线图》，马化腾等，中信出版社，2015年版。

2.《分享经济：供给侧改革的新经济方案》，马化腾，张孝荣，孙怡等，中信出版社，2016年版。

3.《数字经济》，马化腾，孟昭莉，闫德利等，中信出版社，2017年版。

4.《互联网+制造：迈向中国制造2025》，司晓，孟昭莉，闫德利，李刚等，电子工业出版社，2017年版。

5.《互联网+政务：从施政工具到治理赋能》，唐鹏，孟昭莉，刘琼等，电子工业出版社，2016年版。

6.《互联网+数字经济指数报告2017》，腾讯研究院，2017年版。

7.《2016–2017分享经济发展研究报告》，腾讯研究院，2017年版。

8.《中美两国人工智能产业发展全面解读》，腾讯研究院，2017年版。

9.《2017互联网科技创新白皮书》，腾讯研究院，腾讯开放平台2017年版。

10.《互联网公益10周年报告》，腾讯基金会，腾讯研究院，2017年版。

11.《微信力量》，微信团队，萤火科技，机械工业出版社，2015 年版。

12.《探寻独角兽，解读分享经济创新创业密码》，张孝荣，孙怡，陈晔等，清华大学出版社，2017 年版。

后　记

人类社会的发展奔涌向前，无法回退。

纵观历史，每一次技术革命都带来生产力的跃升和社会形态的巨变，无论是生产生活方式还是思想观念，都让人感受到了人类发展最前沿的脉搏。

当下中国，移动互联正在带来一场深刻的数字化变革，科技、创新拔地而起，其实践正在描绘着一个时代的精神。

“互联网 +”的概念和正在深入实施的“互联网 +”行动，被普遍认为是一个里程碑，是移动互联网时代技术变迁加速经济模式创新的重要体现。依托其强大的“连接”能力与“赋能”功效，对中国经济社会产生全局性、系统性的影响。

从互联网发展历程来看，无论是 PC 互联网、无线互联网，物联网等，这些都是互联网在不同阶段、不同侧面的一种提法，它最终是很大、很全面联系的一个网络实体。当前，随着移动互联网的兴起，越来越多的实体、个人、设备都连接在一起。未来，每一个经济社会的细胞都需要与互联网相连，互联网与万物共生共存，这成为大趋势。

移动互联网正在成为整个中国社会的基础设施，叠加国民财富增长和技术发展的两大浪潮，助力其与传统产业的渗透融合和赋能壮大。

当下中国，正在形成规模可观的智慧消费生活方式，科技与文化相连接的创意者经济崛起，普惠金融的创新发展提速，智能制造推动工业转型升级，社会公共服务的平台红利显现，公益慈善也开启了与互联网融合的绿色信号，这些欣欣向荣的迹象，都是移动互联下中国社会开启新征途的时代缩影。可以说，“互联网 +”是手段、分享经济是过程，数字经济是结果，在移动互联社会的发展进程中，是一脉相承的关系。

移动互联网正在以洪荒之力打破藩篱，激发传统产业新潜能，形成中国发展新引擎，同时促进资源下沉，让城乡发展更均等协调，经济发展更具普惠包容性。更可贵的是，科技赋能、融合共生和双创引领，并不只限于新技术催生的新产业和经济增量，也包括与传统产业结合实现盘活后的经济存量，更好地造福人民和造福社会。

诚然，当前对于移动互联网背后重构力量的理解和认知还不够深刻，仍有巨大的潜力尚待挖掘。在推动社会核心要素进入数字化发展浪潮中，对其背后的资源配置、组织形式、治理模式等，都会带来巨大的影响，而这往往才是真正的变革开始。

展望未来，网络和科技的影响越发深入，融合越发紧密，为社会发展打开新的想象空间。在这个历史的进程中，完全的颠覆或者替代不常有，而开放和包容、协作和互助，才是贯穿其中的主线。

移动互联正在打破行业、企业发展的组织边界，跨越国界，塑造新的全球经济增长点。伴随着全球化浪潮和一带一路政策红利，中国的互联网应用和创新已经位居世界前列，在移动互联与发展中国家的社会转型方面，也有望为各国同行提供一个极佳的样本。

为了描述移动互联下中国社会现在和未来的宏伟蓝图，探究科技推动经济发展的一般规律，腾讯公司组织撰写了《指尖上的中国：移动互联与发展中大国的社会变迁》一书。

感谢腾讯研究院本书的研究和写作团队：腾讯公司高级副总裁、

腾讯研究院理事长郭凯天，院长司晓，高级顾问王妩蓉，产业经济中心主任李刚，孙怡、马天骄、巴洁如、闫德利、刘琼、周子祺、王一、于丽丽、杜晓宇等同事，经共同努力，在时间紧、任务重的情况下完成了本书的撰写工作。

感谢国家创新与发展战略研究会和外文出版社同事，为“读懂中国”系列图书的最终付梓做出了大量努力，进行了高效工作。

移动互联下新时代已经开启，未来世界仍然充满巨大的挑战和不确定性，需要全行业、全社会的共同努力，腾讯期待和大家共同探索已来未来的时代奥妙，推动行业健康有序发展。

图书在版编目（CIP）数据

指尖上的中国：移动互联与发展中大国的社会变迁 / 马化腾等著. —北京：外文出版社，2018.5
（读懂中国）
ISBN 978-7-119-11488-0

Ⅰ. ①指… Ⅱ. ①马… Ⅲ. ①移动通信－互联网络－高技术产业－关系－社会变迁－中国 Ⅳ. ①F632.3 ②D668

中国版本图书馆CIP数据核字（2018）第081359号

本丛书列入国家社会科学基金重大委托项目和
《“十三五”国家重点图书、音像、电子出版物出版规划》项目

出版策划：国家创新与发展战略研究会
出版指导：陆彩荣　徐　步
出版统筹：胡开敏　于　瑛　曾惠杰

责任编辑：曾惠杰
装帧设计：柏拉图创意机构
印刷监制：冯　浩　章云天　秦　蒙

指尖上的中国：移动互联与发展中大国的社会变迁

马化腾 等 **著**

出 版 人：徐　步
出版发行：外文出版社有限责任公司
地　　址：中国北京西城区百万庄大街24号　　邮政编码：100037
网　　址：http://www.flp.com.cn　　电子邮箱：flp@cipg.org.cn
电　　话：008610-68320579（总编室）　　008610-68996177（编辑部）
　　　　　008610-68995852（发行部）　　008610-68996183（投稿电话）
制　　版：北京杰瑞腾达科技发展有限公司
印　　刷：北京盛通印刷股份有限公司
经　　销：新华书店 / 外文书店
开　　本：700mm×1000mm　1/16　　印　　张：17.5　　字　　数：210千字
装　　别：精装
版　　次：2018年5月第1版第1次印刷
书　　号：ISBN 978-7-119-11488-0
定　　价：80.00元
